Berta Isselmann / Adolf Wunderlich

Ich ziehe meine Straße fröhlich

Für Jesus unterwegs

BRUNNEN VERLAG GIESSEN / BASEL

ABCteam-Bücher erscheinen in folgenden Verlagen:
Aussaat- und Schriftenmissions-Verlag Neukirchen-Vluyn
R. Brockhaus Verlag Wuppertal
Brunnen Verlag Gießen (und Brunnquell Verlag)
Christliches Verlagshaus Stuttgart
(und Evangelischer Missionsverlag)
Oncken Verlag Wuppertal und Kassel

Sonderausgabe der Bücher
„Der Sieg geht weiter"
„Das Licht der Gerechten brennt fröhlich"
„Immer grüne Welle"
„Der Herr macht Programm"

2. Auflage 1989

Umschlaggestaltung: Rudolf Horn
Satz: Typo Schröder, Dernbach
Herstellung: Ebner Ulm
ISBN 3-7655-3389-0

Inhalt

Von Jesus Getroffene sind nicht mehr zu treffen

Der Lebenslauf von Schwester Berta Isselmann

Unerwünscht wurde ich am 6. März 1899 in Gießen an der Lahn geboren. Liebe Pflegeeltern erzogen mich, um im Alter eine Stütze zu haben. Meine neue Heimat ist nun Kreuztal-Kredenbach. Zum Kummer meiner Eltern habe ich aber ganz andere Gedankengänge als sie. Die Schönheit der Musik und der Natur beherrschen mein Denken.

Obwohl die Musik mein Beruf wird, kann sie die Sehnsucht meines Herzens nicht stillen. Im Alter von vierzehn Jahren nehme ich an einer Evangelisation teil; werde aber nur erweckt. Ich bringe nur einige Sünden und Sorgen anstatt mich selbst. Der Feind nutzt die Situation und lenkt mein Interesse wieder auf die Kunst. Jahrzehntelang vernachlässige ich das Bibellesen und besuche auch keinen Gottesdienst. In den Ferien radle ich hinaus in die Natur. Rückblickend bin ich Gott dankbar für alle seine Bewahrung auf den Radtouren in andere Länder.

Im Jahre 1932 gerate ich in eine Zeltversammlung. Doch ich höre nicht zu; ungesegnet radle ich wieder heim. Ein Jahr später lockt auf dem Rückweg von Wien in Rüdesheim am Rhein ein lustiges Lokal. Kaum habe ich es betreten, widert mich die gottlose Atmosphäre an, und ich kehre rasch um in die Jugendherberge. Der Heilige Geist beginnt, mir die leichtsinnige Welt fad zu machen; und daß mir von Kind an Alkohol zuwider ist, verdanke ich seiner vorlaufenden Gnade.

Bei meiner Ankunft zu Hause entdecke ich ein Zelt der Zeltmission in unserem Ort. Weil ich abends nichts anderes vorhabe, begleite ich das junge Mädchen, das mich einlädt. Ohne besonderes Interesse sitze ich in der großen Versammlung. Aber mitten in meine sehr weltlichen Überlegungen hinein dringt die Textlesung aus Lukas 13, 6–9, das Gleichnis vom unfruchtbaren Feigenbaum. Jetzt höre ich tatsächlich. Scharf trifft mich die Tatsache: Keine Frucht! Woher auch? Ich lebe der Kunst, liebe mein Fahrrad, tue, was *ich* will.

Qualen stehe ich aus bei dem schrecklichen Satz: „Laß ihn noch dies Jahr!" Hatte Gott nicht schon *voriges* Jahr so zu mir gesprochen, als ich teilnahmslos im Zelt unter dem Wort saß? Es ist schon zu spät! Das Jahr ist um. Ich werde schon abgehauen.

Qual, Sündennot, Versäumnis! – Unbeschreiblich diese Angst! Ich kann nicht davonlaufen, aus dem Zelt nicht und Gott erst recht nicht; ich muß das Gericht aushalten.

In meine allergrößte Not fällt plötzlich der tröstende Gedanke: Hätte mich Gott schon weggeworfen, würde er mir diese schreckliche Angst nicht geschenkt haben. Gott ruft zwei oder drei Mal. In der Jugend wurde ich gerufen; im Jahre 1932 gewiß auch. Der dritte laute Ruf heute ist unüberhörbar.

Nachdem mich der Text hellwach gerüttelt hat und die Entscheidung im Herzen gefallen ist, überlege ich: Wenn ich jetzt sterbe, gehe ich verloren, denn ich habe keine Frucht. (Von Matthäus 3,8: „rechtschaffene

Früchte der Buße" wußte ich noch nichts.) Ich muß meine Vergangenheit ordnen; denn ehe neu gebaut wird, muß ausgeschachtet werden. Ich überlege, wo ich um Verzeihung bitten muß, welche Bücher weg müssen, wieviel Briefe geschrieben werden sollen. Immer ruhiger geworden, höre ich die Zeltversammlung jetzt singen: „Es quillt für mich dies teure Blut, das glaub' und fasse ich."

Nach Schluß der Versammlung renne ich nach Hause, knie nieder und sage nur: „Bitte, Herr Jesus, komm nicht heute nacht wieder und laß mich diese Nacht nicht sterben; ich habe doch noch keine Frucht gebracht. Amen."

Als ich von den Knien aufstehe, habe ich Frieden. Am nächsten Morgen mache ich mich auf, die sauren Gänge zu erledigen. Das Schwerste zuerst: Zu meiner lieben Pflegemutter ins Krankenhaus. Unterwegs will der Teufel mich zurückhalten: „So schlimm war es doch nicht, fahr zurück, geh ein andermal hin." Doch ich überhöre ihn und fahre weiter. Vor dem Krankenhaus angekommen, denke ich: Wenn ich die schwerste Krankheit hätte, es wäre mir leichter, als um Verzeihung bitten zu müssen.

Der Gedanke: Vielleicht wird sie gerade gebadet, gibt mir Mut, die Treppe hinaufzusteigen. Zaghaft klopfe ich an. „Herein!" Verlegen stammle ich: „Mutter, ich dachte, du würdest gebadet." „Und ich dachte, du wärst die Badeschwester", entgegnete sie erstaunt. – Nun rasch alle Hemmungen weg: „Mutter, ich bin zu Jesus gekommen, und es tut mir so leid, euch das Leben verbittert zu haben. Kannst du mir verzeihen?

Vater ist ja schon gestorben, ihn kann ich nicht mehr um Verzeihung bitten. Kannst du mir alles vergeben?"

„Kannst du mir auch vergeben, was ich falschgemacht habe?" fragt sie zurück.

Ich erkenne ihre große Liebe und meine erbärmliche Lieblosigkeit. Als die Badeschwester kommt, ist alles klar zwischen uns. Ich ahne nicht, daß es die letzte Möglichkeit war, mit ihr zu sprechen. Als ich kurz darauf an ihrem Sterbebett stehe, ist sie nicht mehr ansprechbar. Immer wieder danke ich dem Herrn für das Geschenk unserer Versöhnung.

Die anderen „Aufräumungsarbeiten" sah der Herr auch gnädig an. Zu Hause angekommen, bin ich mir meiner neuen Situation so recht bewußt. Die Freude bricht durch. Ich bin rechtmäßig von oben geboren durch das Wort Gottes und durch den Geist Gottes. Ich gehöre in die Familie der Erlösten, habe viele Brüder und Schwestern. Ja, „mein Vater und meine Mutter verlassen mich, aber der Herr nimmt mich auf". So erlebe ich Psalm 27,10 ganz wörtlich.

Natürlich treibt es mich zu den Geschwistern. Sie reagieren abwartend, staunen, daß Jesus mich „Weltkind" gerettet hat. Plötzlich erinnere ich mich meines Erwecktseins in der Kindheit. Ich frage mich: Ist das nun echt? Verflacht es nicht wieder? – Später sitze ich in einem Wartesaal und lese Psalmen. Ich jauchze auf: Psalm 1,3 verscheucht alle Besorgnis. Natürlich: „Gepflanzt an den Wasserbächen". Meine Wurzeln sind bei Gott. Ob jemand hier unten Blüten abreißt oder Blätter abrupft, ich bin wurzelecht. Und wenn einer von der Pflanze abhackt, soviel er sieht: Macht nichts, sie sprießt und gedeiht am Bach: Jeremia 17, 7–8.

„Ich habe deine Sünde von dir genommen und habe dich mit Feierkleidern angezogen", Sacharja 3, 4b.

„Als ich die abgrundtiefe Sünd' erkannte
und seufzte schwer in meiner Not und Pein
und Dir die Sünde frei mit Namen nannte,
da wusch Dein Blut mich weiß wie Schnee so rein.
Du schmücktest mich mit heiligen Gewändern,
die himmlisch rein dem Vater wohlgefallen,
begannst, mir liebend Herz und Sinn zu ändern,
Du wurdest mir der Schönste unter allen.
Nun trage ich in Ehrfurcht Feierkleider,
die überdauern werden Tod und Zeit,
ruf Deinen Sieg aus als Dein Wegbereiter,
bis Du mich aufhebst in die Herrlichkeit."

Jetzt radele ich täglich, meist singend, in die Nachbarorte zu meinen Klavierschülern: „Ich freu' mich in dem Herren aus tiefstem Herzensgrund." Nach der letzten Strophe singt es weiter in mir Vers um Vers. Darum hat mein Lied die Melodie des Kirchenliedes: „Ich freu' mich in dem Herren". Meine Verse laufen hinterdrein, und ich wundere mich, daß ich sie bei meiner Schülerin noch auswendig weiß. Hier ist mein ganzes Freudenlied:

„Ich freue mich, ich freu' mich,
freu' mich den ganzen Tag,
ob Liebes oder Leides
mir auch begegnen mag.

Und wollen Not und Sorge,
die Seele mir beschwer'n,
so blicke ich nach oben
und werf' sie auf den Herrn.

Ich freue mich, ich freu' mich,
weil ich mich freuen kann,
denn alle meine Sünden,
die sieht der Herr nicht an.
Er wusch in seinem Blute
mich schneeigweiß und rein,
so kann ich alle Tage
mich tief und innig freun.

Ich freue mich, ich freu' mich,
weil ich mich freuen darf;
denn seit ich allen Jammer
auf meinen Heiland warf,
brauch ich nie mehr zu zagen,
denn sein ist meine Not,
ich werde heimgetragen
durch Leben und durch Tod.

Ich freue mich, ich freu' mich,
weil ich mich freuen will.
Zu allen seinen Wegen
ist meine Seele still.
In ihm bin ich geborgen.
Ich ruh' in seiner Ruh'.
Ich kenne keine Sorgen
und jauchze ihm nur zu.

Ich freue mich, ich freu' mich,
weil ich mich freuen muß,
denn alles, was ich habe,
liegt meinem Gott zu Fuß.
Will selber nichts mehr gelten,
nichts in mir selber sein.
So muß ich jubelnd singen:
Die Freud' bleibt ewig mein!"

Der Herr schenkte mir einen besonderen Auftrag für das fahrende Volk. Auf dem Rummelplatz, bei den Artisten, unter Zigeunern und in Bauarbeiterbuden darf ich die Botschaft seiner freimachenden Gnade verkünden.

Als „lebenslänglicher" Blaukreuzler liebe ich natürlich die Wirte und Trinker. In vielen Gaststätten singe und sage ich von Jesus. Durch den Dienst auf den Wohnwagenplätzen der „Asozialen" ergab sich für mich die Möglichkeit, in einigen Strafanstalten seinen Siegesnamen bekanntzumachen.

Meine „beglückende Last" – so nenne ich meinen Dienst – darf ich seit Jahrzehnten als Mitarbeiterin der Mission für Süd-Ost-Europa tun, was mir ein besonderes Geschenk meines himmlischen Vaters ist.

Der Dauerton der Freude, welchen der Herr in meinem Herzen anstimmte, ist nicht verstummt. Das Licht der Gerechten brennt fröhlich und ist nicht auszublasen, weil es am himmlischen Licht- und Kraftwerk Gottes angezündet wurde. Auch mein Augenleiden mindert die Freude nicht. Wenn ich auch das gedruckte Bibelwort nicht mehr lesen kann, so reißt mir der Herr gnädig meine Herzensaugen auf, Jesus, das lebendige Wort, desto klarer zu erkennen. Und meine Glaubensfüße hüpfen von einer Verheißung zur anderen. Natürlich muß ich die Glaubensfußgelenke im Gebet täglich ölen lassen, daß sie munter hüpfen können.

Mit dem Hauptgewinn *Jesus* ist Verlust ein Fremdwort. Wir verlieren nur, was unten bleibt, z.B. meine kranken Augen. Wir gehen von Gewinn zu Gewinn: Sogar Sterben ist uns Gewinn. So haben wir vor lauter Freuden keine Zeit zum Ärgern.

„Ich wohne in der Freudenquelle
und trinke, trinke alle Stund.
Drum ist mein Tag so licht und helle,
und Freude kündet Herz und Mund.
Nun jauchze mit, wer Jesus kennt.
Die Freude ist mein Element!“

Glück ist nicht, tun dürfen, was man möchte, sondern lassen können, was man darf

Normalerweise hätte ich nicht Schwester sein können. Mir persönlich fällt es nicht leicht, einsam zu bleiben, wenn auch mein Beruf als Klavierlehrerin mir viel

Freude schenkt. Ich fühle die Schwere der Worte:

„Ein heimliches Kleinod im Herzen tragen,
aber, *weil Gott es will*, ihm entsagen…"

Mit Gottes Hilfe legte ich mein Wollen und Wünschen auf den Altar. Der Herr sah das Opfer gnädig an: Es ging hindurch, hindurch mit Freuden! In Ihm überwinden wir *weit!*

Oft werde ich gefragt, wie ich die Einsamkeit ertrage. Da kann ich strahlend antworten: „In Jesus habe ich meine ganze Familie: „Wie sich ein *Vater* über Kinder erbarmt, so erbarmt sich der Herr über die, so ihn fürchten." „Ich will dich trösten, wie einen seine *Mutter* tröstet." „Wer den Willen tut meines Vaters im Himmel, ist meine *Schwester* und mein *Bruder*." Ich bin auf dem Weg ins Vaterhaus! „Er wird uns nicht verlassen noch versäumen." *Nichts* wird an uns versäumt.

Radle ich im Sonnenschein durch die Dörfer, denke ich: Der Vater ist das *Licht*, bei ihm bedürfen wir keiner Sonne mehr. Wie *das* sein wird?! Abends schaut des Vaters Sternenzelt auf mich hernieder. Das macht mein Herz so froh, daß ich laut ein Loblied in die Gegend singe. Wenn's gießt, die Reifen über den glatten Asphalt spritzen, denke ich: Mein Vater läßt regnen; jeder Regenguß ist ein direkter Gruß vom Vater, und gern nehme ich den Kampf mit den Elementen auf.

Jede Blume, jeder Baum sind Liebesgedanken des Vaters. Begegnen mir mittags die Frauen, die ihren Männern in der Fabrik Essen bringen, und der Gedanke sucht Raum: Ich darf nie für einen geliebten Mann und Kinder sorgen, dann steht leuchtend darüber Jesu Wort: „Ich bin das Brot des Lebens." „Ich bin die lebendige Quelle. Wen dürstet, der komme zu mir und trinke!" Diese Speise weiterzureichen ist wichtiger. Getrost schaue ich den Frauen nach – reich, überreich beschenkt.

Unsern Beruf will Gott mit unserer Sendung verbinden. Jeder Jünger hat eine Aufgabe; hören wir genau zu, welcher Art *unser* Dienst ist! Uns allen gilt die Forderung: „Ihr sollt meine Zeugen sein!"

Jesaja 58, 6–11 hat besonders eindringlich zu mir geredet. Vers 6 ist die Voraussetzung zum rechten Gottesdienst: Lösen lassen von Menschen und Dingen, nicht festhalten wollen, ledig aller Lasten, frei, ganz frei sein. Wenn wir in jeder Hand einen Koffer schleppen, können wir trotz der größten Liebe nicht andern tragen helfen. Hin nach Golgatha mit dem Gepäck! Brich dem Hungrigen dein Brot! Nicht *das* Brot, *unser* Brot, das *wir* essen wollen! Die Elenden zu Jesus führen, ihnen den Weg ins Vaterhaus zeigen, den Nackten kleiden mit dem Mantel der Liebe. Lieben heißt: Für den anderen hoffen, für ihn glauben, in jedem eine Seele sehen, für die unser Herr starb, durch die er vielleicht eine große Tat tun will. Uns nie für zu gut halten, den Ärmsten und Elendesten zu achten und zu ehren, so werden die Verse 9–11 Gottes Ja zu unserer Bereitschaft.

Treffpunkt: St. Chrischona

Kürzlich sprach ich mit Schwester Berta wieder einmal über unsere erste Begegnung, die auf St.Chrischona stattfand. Sie erzählt davon:

Vor meiner Bekehrung machte ich in den Ferien weite Radtouren in viele Länder Europas. Nachdem ich ein Jahr gläubig bin, komme ich im September 1934 nach Basel, wo ich übernachte. Am anderen Morgen radle ich weiter. Ein Schild erregt meine Aufmerksamkeit: „St.Chrischona". Was mag das für ein Ort sein? Gewiß ein katholischer Wallfahrtsort, denke ich. Also fahre ich mit meinem „Velo" von Riehen über Bettingen den Chrischonaberg hinauf.

Es ist noch früh am Morgen. An der Pforte des neuen Brüderhauses drücke ich auf die Schelle. Ein junger Mann kommt und fragt: „Was wünschen Sie?" Ich sage: „Gar nichts! Ich will nur etwas hören und sehen von St. Chrischona!" Im Laufe der Unterhaltung fragt der Bruder an der Pforte: „Wo kommen Sie denn her?" „Von Kreuztal, aus dem Siegerland", antworte ich. „Aus Kreuztal?! Da stammt doch der Adolf Wunderlich her. Ich will ihn mal rufen." Und der Mann an der Pforte ist froh, daß er mich endlich wieder los wird.

Nun kommt der Pförtner mit Fräulein Isselmann zu mir. Ich bin Gemüse-Famulus, muß das Gemüse herrichten und für die Kartoffeln sorgen, damit die hundert Personen satt werden. Weil im Keller keine Kartoffeln mehr sind, soll ich auf dem Feld einen Sack voll holen. Ich habe mir gerade den Handwagen mit Hacke und Kartoffelsack zurechtgemacht und will ins „Chrischonatal“ zum Kartoffelfeld fahren – und nun dieser Aufenthalt! Natürlich kenne ich Fräulein Isselmann vom Siegerland her. Jeder Siegerländer kennt sie.

Weil Berta Isselmann erfahren hat, daß St. Chrischona evangelisch ist und sich sogar ein junger Mann aus ihrem Heimatort auf dieser Bibelschule befindet, ist ihre Freude groß. Mir ist gar nicht so freudig ums Herz, hatte ich doch bei der Bewerbung in meinem Lebenslauf versichert: „Ich bin weder verlobt noch verheiratet, und ich werde auch während der vierjährigen Ausbildungszeit keine derartige Verbindung eingehen.“

Der frühere Leiter von St. Chrischona, Carl Heinrich Rappard, war darin mein Vorbild, wie übrigens vielen Chrischonabrüdern in damaliger Zeit. Rappard berichtet in seiner Lebensgeschichte: „Ich tat wie Hiob, Kapitel 31,1: ‚Ich habe einen Bund gemacht mit meinen Augen, daß ich nicht achte auf eine Jungfrau‘.“ Und nun besucht mich eine „Jungfrau“ und Klavierlehrerin auf St. Chrischona!

Obwohl Fräulein Isselmann zwölf Jahre älter ist als ich, ist meine Begrüßung ihr gegenüber kurz und kühl. Wie der Bruder an der Pforte, will ich sie schnell wieder los sein, da auch einige Brüder uns aus sicherer Entfernung beobachten. Darum sage ich: „Fräulein Isselmann, ich habe leider keine Zeit. Ich muß für das Mittagessen einen Zentner Kartoffeln auf dem Feld ausmachen.“ „Das macht nichts“, unterbricht mich Berta, „ich gehe mit auf das Feld.“

Schon damals bedeutete für sie das Schild „Eintritt

streng verboten!“ stets „Herzlich willkommen!“. Mit einer Hand hat sie auch schon die Deichsel des Handwagens erfaßt.

Was soll ich nur machen? Zusammen ziehen wir also den Handwagen durch den Wald auf das Feld. Dort will sie mir auch noch die Kartoffeln auflesen, die ich aushacke. Alle meine Einwände nützen nichts. „Den Dreck von meinen Schuhen kann ich doch wieder abwaschen“, sagt sie.

In größter Verlegenheit und mit klopfendem Herzen bin ich bei der „Kartoffelernte“. Auf dem Weg zum Feld und bei der Feldarbeit erzählt sie mir von ihrem Leben „einst ohne Jesus“ und „jetzt mit Jesus“. Durch ihre fleißige Mithilfe sind wir schnell wieder zurück. Einige Brüder sehen uns kommen und grinsen wegen des eigenartigen „Gespanns“.

Fest und bestimmt erkläre ich nach der Rückkehr: „Jetzt muß ich die Kartoffeln unten im Brüderhaus waschen. Dahin kann und darf ich niemand mitnehmen.“ Berta schwingt sich auf ihr Fahrrad und verläßt im farbenfrohen Dirndlkleid den Chrischonaberg.

Wer hätte damals gedacht, daß ich vierzig Jahre später zusammen mit Schwester Berta Bücher schreiben würde!? Ja noch mehr: Daß sie vierzig Jahre später von der Leitung St. Chrischonas zu Vorträgen eingeladen wird, damit sie von ihrer Weltfirma „Hecken & Zäune“ berichten kann! So wurde Schwester Berta den Brüdern und Schwestern auf St. Chrischona zur Lehrerin für „Praktische Theologie“.

Erste Dienste für Jesus

Aller Anfang ist schwer; auch der Dienst für unseren Herrn und Heiland. Im Jahre 1937 fuhr Schwester Berta Isselmann mit ihrem Fahrrad zur Konferenz nach Bad Blankenburg. Inzwischen hatte sie mit Pastor Ernst Modersohn Verbindung aufgenommen. Er war es, der ihr Mut machte, öffentlich von Jesus zu reden. Schwester Berta wehrte entschieden ab: „Ich kann nicht reden. Ich kann nur den Leuten die Ohren vollquasseln." Er entgegnete: „Fangen Sie nur an! So lernt man es am besten." Und Schwester Berta fing an.

Nachdem ich Gottes Barmherzigkeit erlebt hatte, begann ich, Blätter zu verteilen: auf der Straße und in der Eisenbahn. Als jemand meinen „Mut" bewunderte, sagte ich: „Ob ich Zeitungen oder Traktate verteile, ist doch dasselbe; ich glaub doch, was in den Blättern steht, und von Natur aus bin ich nicht schüchtern. Das ist doch keine Kunst!" und – Gott zeigte mir meine „Kunst". – Im Rheinland bot ich in der Straßenbahn Blätter an, siegessicher, mit weit ausholender Geste – und alle stellten sich taub und guckten weg. Abwehr auf der ganzen Linie. Es war gut, daß ich umsteigen mußte.

Da stand ich nun, hochrot, verlegen, geschlagen, und Gott redete. Wie dankbar bin ich ihm für diese Niederlage! In tiefer Beugung wurde ich still, gerichtet und neu begnadigt. Die Straßenbahn mahnte zum Einsteigen. Ganz klein saß ich in der Ecke und dachte: Herr, du mußtest die eigene Kraft zerbrechen, ich kann nichts und bin nichts. Ohne Auftrag will ich nie mehr dienen.

Obgleich ich keine Lust verspürte, Blätter zu verteilen, brannten sie in der Mappe und wollten verteilt werden. Mit Herzklopfen bis an den Hals erhob ich mich zaghaft. Mein sicheres Auftreten war einer scheuen Anfrage gewichen: „Darf ich Ihnen vielleicht ein Blatt anbieten?" „Recht gern! Danke!" „Hier!" „Mir auch!" „Kosten sie was?" Der Erfolg verwirrte mich, aber tief innen war ich froh.

Wieder umsteigen in die Schwebebahn! Drei Leute. Es lohnt sich nicht. Ich starre in die Wupper, drücke mich in die Ecke. Die Blätter aber wollen raus. Wieder das Herzklopfen. Die drei bedanken sich, der Schaffner schaut mich fragend an: „Sind Sie ein Gotteskind?" „Ja!" „Dann muß ich Ihnen rasch erzählen, wie mein Sohn vor einigen Tagen selig heimging."

Das waren schöne, gesegnete Minuten für uns in der Schwebebahn; und der Heiland war mit dabei und freute sich auch. Ein stilles Leuchten blieb in meiner Seele, und das Herzklopfen erinnert mich seitdem vor jedem Dienst an mein Unvermögen und zwingt ins Gebet, ohne das alles Dienen fruchtlos bleibt.

Mit einem Lied auf den Lippen radle ich Sonntag früh zum Blätterverteilen. Alle Dienststellen werden bedacht. Gern nehmen die Angestellten der Bahn, Post, Straßenbahn, die Tankstellenbesitzer, Taxifahrer, Pförtner der großen Werke ein Blatt. Oft ergibt sich ein Gespräch daraus. Es werden Fragen erörtert. Es wird um Schriften gebeten. Alle Dienststellen nehmen

Testamente an; wo Menschen sonntags Dienst tun, muß Gelegenheit sein, Gottes Wort zu lesen. Zu Weihnachten brennt auf jeder Dienststelle ein Weihnachtsbaum.

Im Städtchen vor dem Kino biete ich Blätter an. Da ist es, als ob meine Arme erlahmen wollen. Ich spüre auch innere Hemmungen. Ich höre auf, verkrieche mich in die „Wende“, versuche zu beten – da fällt mein Blick auf die Überschrift des Traktats. Ich sehe sofort: Das ist für dich! Jetzt wird mir klar: Erst müssen wir den Inhalt *zu uns* reden lassen, ehe wir ihn anderen weitergeben.

Froh und dankbar für die Lektion nehme ich meinen Platz wieder ein. Da beleben sich die Arme wieder, im Nu sind die Blätter verteilt.

Der Zirkus Busch ist im Nachbardorf. Neue Testamente sind rasch eingepackt. Das Rad saust nur so über die Straße. Musik, Lärm aus dem „Negerdorf“, Gebrüll, Geheul aus den Ställen und Käfigen, Kinderjubel, das lichte Weiß und Blau der sauberen Wagen: am Ziel.

Herzklopfen. Ich werde still, trete ein. Ich muß mich zusammennehmen, damit die bunte Welt des Zirkus mich nicht zu sehr gefangennimmt. Ich gebe mir einen Ruck und besinne mich auf meinen Auftrag. Und Gott öffnet die Türen! Der Chef spricht mich an, gestattet mir überall freien Zutritt und nimmt ein Neues Testament. Im Büro freundlicher Empfang, weil ich Gottes Wort verteile. Auch in den Wagen der Orientalen finde ich Verständnis. Schwarze, Chinesen, Sudanesen, Inder – alle nehmen es gerne an. Einige Mongolen, die nicht Deutsch lesen können, verstehen den Namen „Jesus“. Sie übersetzen, tragen in ihrer Sprache den Namen weiter und nicken dazu: „Jesus, Jesus!“

Ich gehe durch die langen Wagenreihen. Überall freundliche Gesichter. Im Nu ist mein Vorrat an Literatur erschöpft, und glücklich radle ich heim.

Es ist Kirmes im Dorf. Auch hier der gleiche Hunger nach lebendigem Brot. Jeder im Wagen der Schausteller nimmt gern Testamente und Blättchen. In einem kleinen, ärmlichen Wagen stöhnt jemand. Beim Nähertreten finde ich einen alten Mann bewußtlos auf seinem Bett liegen. Ich trete zu ihm, fasse seine Hand und spreche langsam: „Das Blut Jesu Christi macht uns rein von aller Sünde.“ Ich weiß nicht, ob seine Seele etwas vernimmt, und wiederhole die Botschaft. Da drückt er schwach meine Hand.

Anderntags ist er wieder bewußtlos. Ich wiederhole das Bibelwort immer wieder. Am Mittag stirbt er. Später höre ich, daß seine Angehörigen sich über meinen Besuch sehr gefreut haben.

Zwei Schausteller bitten mich, ihnen eine Andacht zu halten. Gern sage ich zu und verabrede eine Morgenstunde in der Kirmesschießhalle. Später kommen mir Bedenken. Aber liebe Brüder beten für mich. So radle ich getrost hin.

Es ist noch früh. Eine Frau aus dem Dorf fragt mich, was ich bei den Wagen suche. Als ich ihr sage, daß in der Schießhalle Andacht ist, bittet sie: „Rufen Sie mich, wenn's anfängt! Ich habe auch noch keinen Frieden." Eine halbe Stunde lang kann ich mit ihr reden. Gott sorgte dafür, daß ich so früh bin und Zeit für diese Frau habe.

Bald sammelt sich eine kleine Schar in der Schießhalle. Sie sitzen auf dem langen Brett, wo sonst die Gewehre liegen. Ich nehme meinen Platz gegenüber ein, bei den Teddybären, Papierblumen und sonstigen „Preisen". Dann lauschen sie dem Wort vom Kreuz. Manche Träne glänzt in müden Augen. Einige wollen Lieder lernen und bitten um Gesangbücher, die sie sogar bezahlen wollen.

Nur schwer kann ich mich von ihnen trennen. Glücklich und reich danke ich meinem Heiland, der sich zur Dienstbereitschaft seiner Jünger bekennt...

„Ich bin so kalt und tot in mir,
Du bist allein mein Leben;
nichts hab ich, was nicht ist von Dir,
Du mußt mir alles geben.
Von mir kannst gar nichts Du gebrauchen,
Du mußt mir Deinen Geist einhauchen.
Du läßt mich nicht in meiner Not,
schenkst liebend meinem Ich den Tod,
daß ich mich recht kann hassen.

Mir aufwärts richtest Du den Blick,
daß niemals mehr ich kann zurück.
Du willst mich ja nicht lassen.
Denn Dein Bund steht unwandelbar
wie Deine Liebe treu und wahr,

darin ich mich darf sonnen.
Nun treibt mich diese Liebe fort
zu Heilandslosen allerort,
bis sie für Dich gewonnen.

Berta Isselmann (nach 1. Kor. 15, 10)

Unter den Brüdern von der Landstraße

Meine besondere Liebe gilt den Brüdern von der Landstraße. Ein naher Gasthof am Walde bietet Übernachtungsmöglichkeit für Obdachlose. Samstagabends besuche ich sie, erzähle vom Herrn Jesus, biete Testamente und Blättchen an und lade zum sonntäglichen Gottesdienst ein. Nicht immer ergibt es sich, daß wir zusammen singen und beten können, doch zum Lied vom „Kreuz von Golgatha – Heimat für Heimatlose" reicht es immer.

Einer sagt nach dem Lied zu mir: „Warum singen Sie es uns? Nicht die keine irdische Heimat haben sind gemeint, sondern die kein Vaterhaus im Himmel haben. Gehen Sie in die Häuser der Reichen; singen Sie ihnen das Lied vom Kreuz!"

Die Leute im Dorf fragen mich oft nach dem Ergebnis meiner Arbeit. Wir sind nicht da, um Erfolg zu sehen, auch das Säen ist nicht immer unsere Aufgabe, meist haben wir nur den Boden vorzubereiten. Die Liebe muß erst die eisige Schneedecke hinwegschmelzen. Nur liebhaben möchte ich sie alle: die Trinker, die Heimatlosen, die Elenden, die Einsamen. Viele können nicht gleich fassen, was ich ihnen von Jesus sage, aber für Liebe sind sie alle empfänglich.

Eines Abends sprechen wir vom Vergeben. Ich erzähle, daß ich meine Pflegemutter um Verzeihung gebeten hätte, ehe ich mich dem Herrn übergab. Einige Tage später schreibt ein lieber Bruder: „Ich wollte wie Sie dem Herrn Jesus nachfolgen und erbat die Vergebung meiner Stiefmutter. Aber sie hat mich nicht einmal angehört. Nun ist mir alles egal. Ich verschwinde im Ausland, und niemand wird mich davon abbringen."

Der Brief ist in einem Ort nahe der französischen Grenze abgestempelt. Erschüttert lege ich den Brief dem Herrn hin und bitte um Segen für meine Antwort. Und Gott zeigt mir, daß er sich wohl die Hilfe seiner Kinder gefallen läßt, aber sie nicht nötig hat. Nach einiger Zeit erhalte ich eine weitere Nachricht, diesmal aus dem Krankenhaus: „Gott hat nicht zugelassen, daß ich vor ihm fliehe. Er ließ mich verunglücken. Mein Arm ist gebrochen. Aber es ist besser, daß der Leib verderbe, als daß die Seele Schaden nehme. Bei dem Unfall verlor ich mein Neues Testament. Können Sie mir bitte ein anderes schicken?"

Postwendend ist es in seinem Besitz. Gott hat ihn von der Grenze des Verderbens zurückgerufen und ihm später auch die Versöhnung mit seiner Stiefmutter geschenkt.

Ein anderer junger Bursche, der ziemlich heruntergekommen aussieht, begleitet mich eines Sonntags zum Gottesdienst in einen Nachbarort. Der frohe Ton und die freundliche Aufnahme dort überraschen ihn. Wohltuend empfindet er die Gastfreundschaft, und zu seinem Erstaunen nimmt niemand Anstoß an seiner Kleidung.

Am nächsten Tag erbittet er sich mein Rad, „um Arbeit zu suchen". Ich leihe es ihm. Einige Tage verstreichen ohne Nachricht. Doch dann schickt er mir das Rad geputzt und geölt mit der Bahn zurück. In Dortmund hat er Arbeit gefunden. In seinem langen Dankesbrief steht auch, daß er fleißig in dem Neuen Testament liest, das ich ihm gab, und daß er ein Christ geworden ist.

Der Heiland ist es wert, daß wir auch den ärmsten Brüdern Vertrauen entgegenbringen. In ihm wollen wir alle mit der gleichen Liebe umfassen. So werden wir nie von Menschen enttäuscht.

„Verlange nichts! Gib alles!
Dulde und schweige!
Dein Opfer nicht, nur deine Liebe zeige!"

Ein Beamter aus einem Nachbardorf schreibt mir etwa folgendes: „In Untersuchungshaft traf ich einen Mann, den man wegen Landstreicherei eingesperrt hatte. Er besaß ein Neues Testament mit Ihrer Widmung, das er gegen Zigaretten eintauschen wollte. Es wurde hin und her gefeilscht, bis ich es schließlich für zehn Zigaretten erstand."

Der Beamte kam durch das Lesen dieses Neuen Testaments zum Glauben und las dann abends den

Häftlingen daraus vor. Später lernte ich auch seine Familie kennen und stehe mit ihr noch heute in Verbindung.

Gott läßt sein Wort nicht leer zurückkommen und nicht umkommen. Er geht dabei oft so seltsame Wege wie bei diesem Beamten. Ein anderer ließ das Neue Testament gleichgültig auf einer Mauer liegen. Bekannte von mir fanden es, und so kam es wieder in meine Hände.

Ein andermal warf der wütende Empfänger die Bibel weg ins Feld. Ein Bauer fand es, gab es einem Fabrikarbeiter, der seinem Freund, und dieser endlich benutzte es, und es wurde ihm zum Segen.

Ein anderer Bruder kann durchaus nicht an die Existenz Gottes glauben. Er will einen sichtbaren Beweis. Mir scheint das anmaßend. Am Sonntag gehen wir zusammen zur Kirche. Weil er keinen Pfennig Geld hat, will ich ihm etwas fürs Essen geben. Er lehnt energisch ab: „Ich nehme nichts von Ihnen!“

Bis zur Kirchentreppe wandert das Geldstück hin und her. Selbst mein Einwand: „Gott schenkt Ihnen das Geld. Von ihm können Sie es ruhig nehmen“, nützt nichts. Ich muß das Geld schließlich wieder einstecken.

Nach dem Gottesdienst drückt mir eine Frau ein Geldstück in die Hand: „Für Ihren Obdachlosen, zum Essen“, flüstert sie. Glücklich will ich ihm dieses Geld aushändigen, aber er wehrt ab und kann noch nicht fassen, daß das ein anderes von Gott geschicktes Geldstück ist.

Wir suchen zusammen die Frau auf. „Als ich im Gottesdienst hinter euch saß", berichtet sie, „dachte ich: Dem gibst du nachher etwas fürs Essen."

Weiß wie die Wand starrt der Mann auf das Geld in seiner Hand. Er erkennt: Dies ist die von Gott geforderte Antwort auf seine Zweifel.

Ich habe den Mann später noch einmal wiedergesehen. Er war noch kein Gotteskind, aber dieses Erlebnis wird er nie vergessen...

Zwei „Brüder von der Landstraße" haben versprochen, mit mir zu einem Gottesdienst im Nachbardorf zu gehen. Wie glücklich bin ich, als sie pünktlich an der Straßenbahn auf mich warten!

Im Kreisstädtchen steigen wir aus und gehen zu Fuß. Keiner von uns dreien hat eine Ahnung, wo und wann der Gottesdienst stattfindet. Ein Waldgottesdienst soll es sein, ja, aber Wald, Wald, überall Wald, wohin man schaut!

Ich frage mich zu der Wohnung von Leuten durch, die bestimmt den Gottesdienst besuchen werden. Noch bevor ich mich bei ihnen näher erkundigen kann, werden meine beiden Brüder von der Landstraße zum Mittagessen eingeladen. Sie wissen nicht, wie ihnen geschieht.

Unsere Hauswirtin bringt uns dann zum Gottesdienst. Ernst und eindringlich spricht Gott zu uns. Der Chor gibt sein Bestes: „Nur in Jesus hat man Frieden!"

Und dann gibt's Kaffee und Kuchen; mehr als wir essen können. Immer neue Päckchen stapeln sich für meine Brüder zum Mitnehmen. Wenn ich bezahlen will, ist immer schon alles beglichen.

„Wenn Gott uns das Essen schenkt", denke ich, „dann nehme ich für die beiden ein Doppelzimmer im Hotel, damit sie sich einmal richtig ausschlafen und zur Abendversammlung noch bleiben können." Außer dem Fahrgeld habe ich noch nichts für die beiden ausgegeben, und jetzt will ich auch noch etwas für sie tun. Aber Gott macht es anders. Nach dem Kaffee drückt mir jemand einen Geldbetrag in die Hand. Rasch zum Hotel! Und siehe da: Das Doppelzimmer kostet genau diesen Betrag.

Glücklich essen wir bei unserer lieben Gastgeberin zu Abend. Es war ein herrlicher Tag für die beiden, nachdem sie tagelang nichts Richtiges gegessen hatten. In ihrer Not hatten sie zu Gott gebetet, und wie reich beschenkte sie der Herr! Wer war glücklicher als ich?!

Wie froh bin ich, wenn einer meiner lieben Bekannten, der irgendwo im Krankenhaus liegt, meinen Besuch wünscht! Im Städtchen des Nachbarkreises gibt's im Krankenhaus ein besonderes „Kundenzimmer", das ich zu jeder Zeit besuchen darf. Neue Testamente nehmen alle gern, und mancher Brief zeugt davon, daß Gottes Wort nicht leer zurückkommt.

Oft fragen mich meine „Brüder von der Landstraße", ob es mir beruflich nicht schadet, daß ich mich oft in ihrer Begleitung befinde. Manche wollen sich einige Meter hinter mir halten. Da sage ich stets: „Ihr seid doch alle meine Allernächsten, meine lieben Brüder."

Sonnabends gehe ich im einfachsten Kleid hinauf; mein schlichter Rock ist mein Talar und die Kantine meine Missionsstation. Wie glücklich sitze ich neben ihnen auf der Bank, ihre Bündel, Rucksäcke oder Taschen neben mir! Der Herr Jesus selbst hat uns doch zusammengeführt.

Im Frühjahr bringen mir manche Hut und Mantel zur Aufbewahrung bis zum Herbst, wenn es wieder kalt wird. Gern motte ich die Sachen ein, bis sie wieder benötigt werden.

Es gibt einige, denen darf ich ihren Lohn verwahren, damit sie ihn nicht vertrinken.

Advent feiern wir bei Kranz und Kerzen. Weihnachten darf ich auch mit ihnen verleben. Da gibt es für sie kleine Geschenke, besonders wollene Socken. Froh und dankbar hören sie vom Kind in der Krippe, das unser Heiland ist.

Warum sind die Leute auf der Straße? Was treibt sie ruhelos von einer Herberge zur anderen: gescholten, verachtet, ausgestoßen? Bei vielen ein Zerwürfnis mit dem Elternhaus, Zank, Haß, Eifersucht, äußere und innere Not! Manche Strafentlassenen sind darunter, die keine Arbeit finden, weil ihnen kein Vertrauen entgegengebracht wird. Arbeitssuchende, Kranke, Alte sind darunter, Gebildete und Einfache, Gute und Böse. Alle wollen wir mit der großen Heilandsliebe umfassen. Ich denke an den Ruf der lieben Mutter Eva:

„Liegt zwischen Stoppeln noch so klein die Ähre,
zertritt sie nicht!
Wenn noch so arm ein Mensch und elend wäre,
verwirf ihn nicht!
Heb auf, was sonst im Staube muß verderben,
laß sie, für die der Heiland starb, nicht sterben.
Zum Ährenlesen laß dich willig werben.
Klein ist die Mühe, groß die Liebespflicht,
vergiß sie nicht!"

Daß der Dienst im Weinberg des Herrn restlos befriedigt, brauche ich nun wohl nicht mehr hinzuzufügen. Was man mit Gott erleben kann, steht hoch über allem irdischen, menschlichen Erleben. Kein Mensch sieht uns ins Herz wie der Vater im Himmel. Er beurteilt uns nie falsch. Er kennt uns, wie wir sind, und trägt uns.

Mein Beruf als Klavierlehrerin gibt viele Dienstmöglichkeiten. Man kann den Menschen den Herrn Jesus ins Herz singen und spielen. Wenn man die Schüler unterrichtet, schaut man in die Familienverhältnisse hinein. Gelegenheit zum Zeugnis gibt es fast täglich, wo Heilandslose mit dem Leben nicht fertig werden. In fünfzehn Dörfern radle ich wöchentlich herum, kenne dort alle Kranken, Traurigen und Einsamen. Die Zeit erlaubt manchmal einen kurzen Besuch.

Ja, wer seine ganze Kraft dem Heiland weiht, ist glücklich.

„Ich habe hier die Fülle,
seitdem der Heiland kam.
Ich habe dort ein Erbe,

so reich und wundersam.
Ich habe Glück, das leuchtend
und unbeschreiblich ist.
Ich habe alles, alles
in dir, Herr Jesus Christ!"

Jesus fährt immer mit

Wohl alle im Obdachlosenheim liebten mich. Einer aber war dabei, der mit einem leidenschaftlichen, teuflischen Haß gegen mich und die Botschaft des Evangeliums erfüllt war.

Auch andere wußten vom Haß dieses Mannes gegen mich. Eines Abends, ich will gerade die Kantine verlassen, sagt der Besitzer zu mir: „Schwester Berta, ich möchte nicht, daß Ihnen auf dem Heimweg etwas passiert; ich begleite Sie nach Hause."

„Nein, nein", antwortete ich, „dann muß ich ja auch noch auf Sie aufpassen. Aber wenn Jesus mit mir geht – und er geht und fährt immer mit –, dann fühle ich mich viel sicherer."

„Dann will ich wenigstens nachsehen, was Ihr Feind jetzt macht", entgegnete der Wirt. Bald war er zurück mit der Nachricht: „Sie können beruhigt sein. Er schläft."

Aber mein Feind hatte den Schlaf nur vorgetäuscht

und sich dann durch eine Hintertür hinausgeschlichen, um mich auf dem Heimweg zu überfallen.

Ich nehme mein Fahrrad und fahre in der Dunkelheit los. Der Weg führt durch einen Tannenwald. Gleich am Waldrand verlöscht das Licht an meinem Rad. Was soll ich machen? Ich fahre im Dunkeln weiter und bete: „Vater, jetzt mußt du mein Licht sein!“

Da, mitten im Wald, schreit plötzlich ein Mann wütend hinter mir her: mein Feind, der mich überfallen wollte. Im Dunkeln bin ich unbemerkt an ihm vorbeigefahren. Als ich aus dem Wald herausfahre, brennt mein Fahrradlicht auf einmal wieder.

Heute weiß ich: Es war ein Engel Gottes, der mein Fahrradlicht ausgelöscht und später wieder aufleuchten ließ, so daß mir kein Schaden zugefügt wurde. Dankbar, meinen Gott fröhlich lobend, kam ich glücklich nach Hause.

Heinrich und Fritz

Ich bin gegen Abend wieder einmal auf dem Weg zum Obdachlosenheim. Unterwegs rufen mir Leute zu: „Oben im Wald ist ein alter Brunnen. Da liegt einer drin. Bestimmt einer von den Ihren.“

„Warum habt ihr ihn denn nicht schon rausgeholt?“ frage ich. Sie lachen nur.

Mit einer Taschenlampe bewaffnet suche ich im Dunkeln den Brunnen. Als ich die Lampe einmal ausknipse, um die Batterie zu schonen, stoße ich mit jemand zusammen.

„Ach, Schwester Berta, Sie sind es! Ich bin der Fritz und suche den Heinrich." „Ich suche auch den Heinrich", sage ich.

Gemeinsam suchend finden wir den zu dieser Zeit wasserlosen Brunnen. Und unten im Brunnenloch liegt der betrunkene Heinrich, den Kopf auf dem Hut, und schläft.

„Fritz", sage ich, „Sie sind selten nüchtern, wenn ich komme; aber heute sind Sie mal ausnahmsweise hellwach. Jetzt kann und will ich Ihnen mal anschaulich klarmachen, was der Herr Jesus für uns getan hat: Wir sind tot in Sünden von Natur aus. Adam und Eva hatten göttliches Leben, bis sie Gottes Warnung mißachteten. Sie aßen von dem verbotenen Baum und starben. Der Heinrich da unten im Brunnenloch ist also jetzt wie tot."

Ausführlich erkläre ich ihm, was es ist um den inneren Tod.

„Gott ruft uns durch sein Wort; aber ein Toter hört ja nicht."

Ich rufe: „Heinrich! Heinrich!" Er antwortet nicht. Ich halte meine Hand herunter in das Brunnenloch. Heinrich sieht und hört nichts.

„Ich muß also in den Brunnen heruntersteigen." Ich tue es. Jetzt bin ich unten.

„So ist also Jesus zu uns vom Himmel herunter auf die Erde gekommen. Aber der Heinrich merkt es noch immer nicht. So vernehmen wir Menschen auch nichts, weil wir tot sind in Sünden. Gott rüttelt uns auf."

Ich schüttele den Heinrich. Er wird halbwach, schläft aber sofort weiter. „Oft nimmt uns unser Herr etwas, was uns unentbehrlich scheint." – Damit nehme ich dem Heinrich seinen Hut weg und werfe ihn aus dem Brunnen hinaus. „Mein Hut! Mein Hut!" schreit Heinrich hellwach.

Ich sage zum Heinrich: „Du holst dir den Tod, wenn du hier unten liegenbleibst. Fritz ist oben und will auch helfen, daß du rauskommst. Wenn du aber nicht mithilfst, dann können wir dir auch nicht helfen."

Nun beginnt die Rettungsaktion. Fritz zieht oben an Heinrichs Hand; ich schiebe unten im Brunnenloch. Heinrich hilft mit, so gut er es als Betrunkener kann. Endlich ist Heinrich glücklich oben. Wir setzen ihm seinen Hut auf und bringen ihn gemeinsam nach Hause, wo er seinen Rausch ausschläft.

Noch oft rede ich mit Fritz und später auch mit beiden gemeinsam über das Wunder der göttlichen Errettung. „Das werden wir nie vergessen, Schwester Berta, wie Sie uns da im Wald das Werk der Erlösung verständlich gemacht haben."

„Was gibt's Neues?"

An einem Sommermorgen gehe ich zum Bahnhof. Die Straßenbahnschaffner haben zehn Minuten Pause, bis die Bahn wieder abfährt. Sie stehen zusammen und unterhalten sich lebhaft. Ich bin ganz in ihrer Nähe. Da kommt die Schwester Berta auf ihrem „Stahlroß" angefahren.

Laut ruft einer der Schaffner: „Die Berta! Die Berta! Sag, Berta, was gibt's heute Neues?" Sofort steigt sie ab von ihrem Rad und sagt: „Ja, ihr Lieben, es gibt allerlei Neuigkeiten. Die will ich euch gern sagen!" Und schon zählt sie auf:

„Gottes Güte ist heute ganz neu!
Gottes Barmherzigkeit ist alle Morgen neu!
Gottes Gnade ist auch heute neu!
Gottes alleumfassende Liebe ist heute auch neu und groß!

Wißt ihr, ich lebe von lauter Neuigkeiten!" Dann steigt Schwester Berta vergnügt wieder aufs Fahrrad und fährt weiter zum „nächsten Dienst".

„Nicht zu langsam – sie sterben sonst!"

Dies Wort von Vater Bodelschwingh sollten lebendige Christen sich stets vor Augen halten und einander zurufen. Die beiden folgenden Berichte sind gewiß interessant. Aber sind sie bloß interessant? Nein, wir wünschen, daß manche Leser hier einen Auftrag erkennen. Erwägen wir betend, wie wir das Wort des Lebens zu Menschen tragen können, deren Verlangen nach Ewigem groß ist. Bibelteile in den verschiedensten Sprachen können bei der „Mission für Süd-Ost-Europa" bezogen werden.

Im Zirkus

Mit Schriften und Blättchen beladen betrete ich den Bürowagen. Er ist der erste in der Reihe weißschimmernder Wohnwagen, die sich um die Manege gruppieren.

Freundlich dankend nehmen alle Wort und Schrift entgegen. Dann singe ich mein Lied: „Wir haben einen Felsen, der unbeweglich steht." Still hört groß und klein zu. Eine Frau drückt mir die Hand: „Ich wußte, daß Jesus uns nicht vergessen hat, heute kommt er zu uns." Sie will mir Geld geben „für die Rückfahrt".

Ihre Pflegetochter bittet um ein Neues Testament und nimmt es strahlend entgegen. Ein Artist ist zunächst ablehnend, berichtet dann von Enttäuschungen, aber auch von Bewahrung, als er fünfzehn Meter tief abstürzte, ohne sich zu verletzen. Nach dem Gespräch ist er dann doch gern bereit, etwas zu lesen.

Auch der junge Mann, der das Eingangstor himmelblau und silbern anmalt, bittet um ein Neues Testament. Die Kleinen jauchzen mit ihren Bibelspruchkärtchen herum, die ihnen vom Heiland sagen. Besondere Freude erlebe ich in den Wagen der Ungarn und Ukrainer, als ich ihnen Bibelteile in ihrer Sprache gebe. Sie finden nicht Worte, aber ihre strahlenden, dunklen Augen sind beredter als Gesten und Worte.

Auf der Kirmes

Seit Jahren suche ich die Schausteller auf. Sie erwarten mich schon. Eine Frau dort gibt mir eine Mark für meine Blättermission. Eine katholische, mir bisher unbekannte Familie, sieht die angebotenen Schriften kritisch durch, bis sie der Herr an eine besondere Bewahrung vor einem Unfall auf der Herfahrt erinnert. Das läßt sie jäh erschrecken: „Was wird aus uns, wenn wir sterben?" Die Angst steht in ihren Augen.

Sie staunen, als ich ihnen von meiner Heilsgewißheit sage, und bitten mich, ihnen den Weg dahin zu zeigen. Wir verabreden einen Tag, und am folgenden Abend sitzen wir zwei Stunden lang beisammen. Aufmerksam lauschen Eltern, Kinder und Verwandte dem Wort der Bibel. Fragen brechen auf. Die Schrift antwortet. Sie staunen, was alles in der Bibel steht, und wollen sich Bibeln kaufen.

Beim Abschied sagt die Frau: „Sie müßten mit uns fahren und uns jeden Abend lehren, bis wir auch haben, was Sie haben. Wir Schausteller haben den Heiland besonders nötig." Wir verabreden einen weiteren Abend im Nachbarort, wo sie dann sein werden.

Wieder werde ich dort zuerst bewirtet. Dann zeigen sie mir ihre Bibeln und bitten mich, ihnen Sprüche und meine Anschrift hineinzuschreiben. Gern suche ich einige Kernworte. Die Hausfrau möchte einen Wandspruch für ihre Küche haben…

Bis Mitternacht sitzen wir um das ewige Wort. Sie freuen sich sehr, es nun selbst zu besitzen. Je mehr sie es kennenlernen, desto begieriger sind sie, es zu hören. Solange sie in der Gegend sind, kann ich ihnen nachradeln. Später schreiben wir uns.

Der Herr, der das Suchen weckt, möge auch brennende Herzen schenken, die den Weg zum Heil weisen, damit es Wahrheit werde, was in dem slowakischen Lied der Zigeunerknabe singt: „Daß keiner mehr klagt: Niemand hat je mir vom Heiland gesagt."

Die persönliche Seite

Vor mir liegt das Notizbuch des Jahres 1967. Die erste Seite mit den Personalien sieht in Schwester Bertas Kalender so aus:

Weltfirma „Hecken & Zäune"
der Süd-Ost-Europa Mission
Berta Isselmann
5911 Kredenbach üb. Kreuztal

Telefon: Psalm 138,3.
„Wenn ich dich anrufe, so erhörst du mich und gibst meiner Seele große Kraft."

Lebensversicherung: Johannes 11, 25 u. 26.
„Ich bin die Auferstehung und das Leben; wer an mich glaubt, wird leben, ob er gleich stürbe ...", spricht Christus.

Feuerversicherung: Jesaja 43, 2 b.
Gott spricht: „So du ins Feuer gehst, sollst du nicht brennen, und die Flamme soll dich nicht versengen."

Unfallversicherung: Amos 3, 6 b; Psalm 139, 5.
„Ist auch ein Unglück in der Stadt, das der Herr nicht tue?" „Von allen Seiten umgibst du mich, mein Gott, und hältst deine Hand über mir."

Haftpflichtversicherung: Römer 8, 31–34; Johannes 10, 28.
„Ist Gott für uns, wer mag wider uns sein? Wer will die Auserwählten Gottes beschuldigen? Gott ist hier, der da gerecht macht. Wer will verdammen? Christus ist hier, der gestorben ist, ja vielmehr, der auch auferweckt ist, welcher ist zur Rechten Gottes und vertritt uns!" Jesus spricht: „Ich gebe ihnen das ewige Leben, und sie werden nimmermehr umkommen, und niemand wird sie mir aus meiner Hand reißen."

Bankkonto: 2. Chronik 25, 9 b.
„Der Herr hat noch mehr, das er dir geben kann denn hundert Zentner Silber."

Kleider: Jesaja 61, 10; Sacharja 3, 4 b.
„Meine Seele ist fröhlich in meinem Gott, denn er hat mich angezogen mit Kleidern des Heils und mit dem Rock der Gerechtigkeit gekleidet."
„Ich habe deine Sünde von dir genommen und habe dich mit Feierkleidern angezogen."

Schuhe: Epheser 6, 15.
„An den Beinen gestiefelt als fertig, zu treiben das Evangelium des Friedens."

Hut: Epheser 6, 17 a.
„Nehmt den Helm des Heils!"

„Wir haben alles, alles in dir, Herr Jesus Christ!"

Am Karfreitag im Zirkus

Karfreitag, der Vortag der Eröffnungsvorstellung des Zirkus in unserem Kreisstädtchen. Ich fahre mit Schriften und Evangelien in achtundzwanzig Sprachen los. Der Straßenbahnschaffner möchte, daß ich allen Mitreisenden ein Blatt gebe. Nichts lieber als das!

Der Fahrer hält in Zirkusnähe, weil ich schwer zu schleppen habe an kostbarem Gut. Wie freundlich vom Herrn!

Im Bürowagen des Zirkus bin ich nicht erwünscht. Man nimmt mürrisch die Blätter entgegen. Im Pressewagen lächelt ein freundlicher Herr, dankt sehr, hat aber leider auch keine „Liedlänge“ Zeit. Im Wagen der Näherinnen sind nur „Zeugen Jehovas“ zulässig. Die Eltern haben sich dort angeschlossen. Aber gleich nach dem ersten Lied, das ich ihnen singe, ist das vergessen. Die Mädchen sind durch tiefe Not gegangen und offen für den einzigen Trost, den es gibt. Nachher bedauern sie, nur 25 Pfennige zu besitzen, die ich unbedingt nehmen muß. Herzlich danken sie für den lieben Besuch. – In der Manege trainiert der russische Jockey. Wie freut ihn ein Evangelium in der Heimatsprache! Er zeigt es überall herum, schaut immer wieder auf die vertraute Schrift. Ebenso ein Pole. Er strahlt. Auch Engländer, Italiener, Franzosen danken bewegt für die heimatnahe Gabe. Meine lieben Chinesen sind leider Analphabeten, dem kranken Herrn Sun kann ich ein Wort sagen. Seine deutsche Frau ist beglückt über Losung und Bibel. Wir trinken Tee zusammen.

„Haben Sie Kriminalromane?“ tönt es aus dem Musikwagen. „Ja“, antworte ich, „die sensationellste, ergreifendste, weltbewegendste Kriminalgeschichte aller Zeiten: Drei sind verurteilt, einer wird begnadigt, ein Unschuldiger dafür ans Kreuz gehängt.“ –

„Haben Sie die neueste Illustrierte?“ ruft es aus dem nächsten Wagen. „Ja“, kann ich wieder sagen, denn die Karfreitagsnummer der „Rettung“ ist reichlich illustriert. Das Lied: „Wir haben einen Felsen“ gefällt ihnen gut. Sie wissen auch gleich, in welcher Tonart ich es singe, so sprechen wir von unserer geliebten Musik. Ich versuche, sie dabei in die himmlische Harmonielehre einzuführen, erkläre ihnen den harmonischen Dreiklang: „Höher, heller, herrlicher!“ und das neue Lied: „Ehre sei dem Lamm!“ Wie sie alle aufhorchen! So etwas haben sie noch nie gehört.

Ein junger Mann wünscht einen gemalten Spruch. Es soll aber unbedingt der Name Jesus darin vorkommen. Viele Hände greifen nach diesen Sprüchen, die ein alter, lieber Bruder malte.

Eine junge Stepptänzerin, Mutter von zwei Töchtern, heimatlos, ungeliebt aufgewachsen, hat noch nie von Jesus gehört. Gleichgültig nimmt sie einen Bibelteil entgegen. Es ist eine ihr fremde Welt. Niemand kümmerte sich bisher um ihre Seele – wer wird sich weiter ihrer annehmen? Arme, liebe kleine Erna!

Die Direktorin ist „verreist“, sagt man mir. Die Wirtschafterin schreit mir von weitem entgegen: „Ich bin katholisch. Gehen sie weg mit dem Zeug! Ich will nichts davon wissen.“ Dabei klappert sie beim Spülen energisch mit Geschirr.

„Darf ich Ihnen abtrocknen?“ wage ich mich vor. Sie reicht mir ein Tuch. Die gemeinsame Arbeit wirkt Wunder. Sie taut auf, erzählt mir ihren Leidensweg, nimmt den Trost des Evangeliums in Wort und Schrift dankend an und kocht mir eine Tasse Tee.

Als ich beim nächsten Wagen anklopfe, öffnet sich die Tür nur einen Spalt. Mit Donnerstimme warnt jemand vor dem bissigen Hund und verbittet sich jedes Näherkommen: „Keine Zeit!“

„Bissige Hunde liebe ich“, bedeute ich ihm. Da öffnet er einladend die Tür: „Wenn Sie bissige Hunde lieben, kommen Sie nur rein!" Aber der besagte Hund, ein Prachtexemplar, rührt weder Schnauze noch Pfote, als ich eintrete.

Der Herr Zirkus-Direktor liebt außer Tieren nur seine bildschöne Frau, eine Spanierin, und – Missionare. Er hat sie auf seinen Weltreisen kennengelernt. „Die bringen Opfer, die lieben auch die schlechten Menschen. Ein Missionar hat mir mal geholfen." So berichtet er.

„Demnach lieben Sie mich auch. Ich bin auch Missionarin."

Freundlich, wie alle im Wagen, unterbricht er seine wichtige Besprechung und hört zu. Gott verehrt er. Mit Jesus weiß er nichts anzufangen. Er erbittet meine Adresse, nimmt ein Evangelium und Blätter. Auf einmal hat er Zeit und lädt mich sogar zum Mittagessen ein.

Währenddessen schläft der „bissige" Hund wie leblos in seiner Ecke. Nur ungern verlasse ich den Weltensegler.

Nun bin ich bei dem lieben kleinen Clown im Wagen, der so sehr unter seiner verwachsenen Gestalt leidet und so einsam und unverstanden ist. Es ist Mittag. Seine Kameraden bringen Essen. Ein Artist sagt: „Früher haben wir zu Hause gebetet." Für mich die Gelegenheit für ein Dankgebet.

Alle sind bewegt. Ich gebe jedem ein Neues Testament und spreche von dem Gekreuzigten, der auch für Clowns und Artisten verblutete. „Ist das wahr?" – „Steht das da drin?" – „Kann man das nachlesen?" –

„Gilt das mir?" So fragen sie.

Der Herr möge sie zu seinen Jüngern machen, daß auch sie fröhlich seine Güte rühmen. Der liebe Clown schenkt mir Schokolade und erbittet meine Adresse. So darf ich ihm weiter dienen. Der Herr hat den Schlüssel auch zu seinem Herzen.

Missionsreise erster Klasse

Auch die Fahrgäste erster Klasse müssen von Jesus hören. Einige Dienstreisen geben Gelegenheit ddazu. Als Anknüpfung dienen Spurgeons „Kleinode göttliche Verheißungen". Wegen meiner kranken Augen kann ich die Schrift selbst nicht mehr entziffern. Aber wenn ein Fahrgast mir laut vorliest, werden auch die Mithörenden gesegnet.

Die Dame mir gegenüber löst eifrig Kreuzworträtsel. Als sie innehält, bitte ich sie höflich, mir die Andacht des heutigen Tages vorzulesen. Sie lehnt ab: „Ich gehöre zur Landeskirche."

„Ich auch", erwidere ich. „Wir müssen aber zu Jesus selbst gehören. Er hat die Rätsel Ihres Lebens und das Rätsel Ihres Todes am Kreuz auf Golgatha für Sie gelöst. Das können Sie nicht auf dem Papier."

„Ich tue, was ich will", wehrt sie ab, worauf ich antworte: „Das ist das Neue in der Nachfolge Jesu: Wir brauchen nicht mehr zu tun, was wir *wollen,* wir dürfen tun, was wir *sollen.*"

Im Nebenabteil ist dann ein junger Mann gern bereit, die köstlichen Verheißungen mit den Erklärungen vorzulesen. Er tut es mit Wärme und innerer Anteilnahme. Freundlich dankt er für meine Liedkarte. Wir kommen in ein Gespräch. Während er seine Hilfsbereitschaft mehr als soziale Tat einer alten Dame gegenüber betrachtet, wirkt der Heilige Geist an seinem Herzen.

Erwartungsvoll sitze ich ein andermal im eleganten Polstersessel des D-Zug-Abteils; vorläufig noch allein. Nebenan höre ich die eifrige Diskussion einiger gelehrter Herren, die anscheinend von einer Konferenz kommen. Als es still wird, gehe ich mit den „Kleinoden" zu ihnen hinüber und bitte sie, mir vorzulesen.

Der erste schaut das Büchlein, das mir eine Strafgefangene so schön in hellrotem Leder mit Goldgravierung eingebunden hat, kritisch an. „Nein, das kann ich nicht lesen!" – „Ich auch nicht!" Der dritte und der vierte verneinen ebenfalls, und ich erhalte das Büchlein zurück. Keiner ist in der Lage, Gottes Wort zu lesen.

„Jesus hat Sie lieb", sage ich ihnen. „Na, Gott sei dank", erwidert einer. „Haben Sie ihm wirklich schon dafür gedankt?" Ich gehe auf meinen Platz zurück und flehe zum Herrn, er möge Fahrgäste zu mir einsteigen lassen.

Bei der nächsten Station kommen zwei Frauen in meine Nähe. Dankbar bitte ich die junge Frau, mir vorzulesen. Sie sagt zu und setzt sich zu mir. Als sie gerade beginnen will, wird sie von einem Bekannten begrüßt, der sich neben ihr niederläßt.

„Nun ist's aus mit dem Vorlesen", denke ich. Doch sie erklärt ihrem Nachbarn: „Zuerst will ich etwas lesen!"

Laut und vernehmlich erklingt die Botschaft der Liebe Gottes. Es ergibt sich ein Gespräch, und alle sind dankbar für eine Karte mit meinem „Freudenlied".

Später sitze ich mit einer Familie im selben Abteil. Bereitwillig nimmt die junge Frau meine „Verheißungen" in die Hand. „Die ganze Seite soll ich lesen?" fragt sie.

„Ja, bitte."

Mit viel Pathos beginnt sie: „Glaube an den Herrn Jesus Christus, so wirst du und dein Haus selig!" Die Worte sind ihr zu mächtig. Ihre Arme sinken herab. „Ich kann nicht weiterlesen."

Ihr Mann bedauert: „Ich habe keine Brille dabei." Nebenan frage ich vergebens einige Herren. „Ich bin müde" – „Ich will schlafen" – „Ich habe eine lange Reise hinter mir". Endlich liest ein junger Mann die ganze kostbare Seite von der Seligkeit durch den Glauben an Jesus Christus.

Regulär fahre ich Nichtraucher. „Jesus fährt auch Raucher", denke ich dann. „Alles, was ich rieche, sehe oder höre, will ich überlieben." Also suche ich mir ein Raucherabteil, lasse mich darin nieder und weiß mich am richtigen Platz.

Der Herr mir gegenüber bedauert, nicht lesen zu können. Er ist Franzose. Eine freundliche Frau im Nebenabteil hilft mir. Sie liest mit innerer Anteilnahme. Wir kommen ins Gespräch. Sie ist Leipzigerin und wohnt in Argentinien. Ich spüre ihr ab, daß sie den Heiland liebt. „Wir meinen, *wir* fahren nach Zürich", erkläre ich, „doch in Wirklichkeit *werden* wir gefahren. Wir lassen uns fahren. So ist es auch bei unserer Lebensfahrt. Wir werden gefahren, nach oben oder nach unten.

Von Natur aus sitzen wir alle im falschen Zug. Ob ich im falschen Zug die Bank demoliere oder mich sittsam benehme, spielt keine so große Rolle. Aber ich muß raus, weil der Zug falsch ist. Wenn ich mit Jesus umgestiegen bin, dann schleppe ich nichts mehr mit. Alle Sündenpakete und Sorgenpäckchen sind bei Jesus abgegeben. Der Zug nach oben hat keine Packwagen. Verstehen Sie das?"

Sie bejaht.

„Sind Sie schon umgestiegen?"

„Nein."

Ich sage ihr von Jesu Liebe, der uns mit dem eigenen Blut dem Teufel abgekauft hat.

„Mit dem Teufel will ich nichts zu tun haben", pflichtet sie erschrocken bei. Ein Herr verläßt an dieser Stelle unser Abteil. Jesus geht mit; der Stachel sitzt.

Meine Zuhörerin aber bleibt ganz Ohr. Zuletzt nimmt sie gern eine Liedkarte, auf der meine Adresse steht.

„Schreiben Sie mir, wenn Sie in den Zug nach oben umgestiegen sind?" „Ja", sagt sie mit Nachdruck.

„Gott hat mich reich gesegnet mit einer Gürtelrose!“

Vor einigen Wochen hielt ich in Kredenbach, dem Heimatort von Schwester Berta, eine Bibelstunde. Man bat mich, Schwester Berta nach der Versammlung zu besuchen, da sie plötzlich erkrankt sei. Kurz vor 10 Uhr abends komme ich hin. Sie liegt im Bett und sagt: „Adolf, der Herr hat mein linkes Bein mit einer Gürtelrose gesegnet nach dem Lied: ‚Sein Tun ist lauter Segen!‘“

Zehn Tage war sie noch zur Behandlung im Krankenhaus, und bald war sie wieder gesund. Freudig verkündigte Schwester Berta dann allen, mit denen sie zusammentraf: „Die frische Alte ist wieder in alter Frische für Jesus unterwegs!“

„Geht aus auf die Landstraßen...!“

Ein unzufriedener Kaufmann wartet mit mir auf den Omnibus. Als ich ihm sage, daß der Friede Jesu zufrieden und froh macht und das Wort Gottes eine Kraftquelle ist, will er sich sofort ein Neues Testament kaufen. Staunend hört er von der unbegreiflichen Gottesliebe, in der Jesus für ihn am Kreuz verblutete. Im Bus unterhalten wir uns weiter. Das mondäne Dämchen gegenüber und der Herr daneben hören mit.

An der Straßenecke vor der Zeitschriftenverkaufsbude stehen einige Männer. Es sind Juden. Sie nehmen gern ein Blatt. Der gesungenen Weisung: „Komm zum Kreuz mit deinen Lasten, müder Pilger du...!" hören sie still zu; auch der frohen Botschaft von Jesus, ihrem Messias. Gern geben sie mir ihre Anschriften, damit ich ihnen Gottes Wort in polnischer, italienischer, ungarischer und hebräischer Sprache schicken kann. Sie bitten um meine Adresse, damit ich ihre Fragen beantworten kann.

Und dort steht ein Wohnwagen des Straßenbaus. Einladend raucht der kleine Schornstein. Der junge Mann darin dankt herzlich für den guten Lesestoff. Wie strahlt sein Gesicht, als ich ihm eine Bibel gebe! „Wie lange darf ich sie behalten?" Er begreift nicht gleich, daß sie sein Eigentum ist. Fest drückt er mir die Hand.

„Haben Sie Blätter für uns?" rufen die Arbeiter, die die Oberleitung des elektrischen Busses reparieren. „Ich komme in die Hölle", sagt einer traurig. „Im Krieg habe ich viele Menschen totgeschossen." Während ich ihm den Sünderheiland verkündige, dessen Blut auch für ihn ausreicht, hellt sich sein Gesicht auf. Getröstet arbeitet er weiter.

Abends kommt mir ein Radfahrer mit trüber Beleuchtung entgegen. „Wenn Sie im Herzen nicht mehr Licht haben als an Ihrem Rad, kommen Sie nicht ans Ziel", spreche ich ihn an.

„Ich habe nichts gegen Gott", antwortet er.

„Aber Gott hat viel gegen Sie. Darum muß ich mit Ihnen fahren."

So radle ich zu ihm hinüber und erzähle ihm vom himmlischen Licht- und Kraftwerk.

Während ich eine ängstliche Frau heimbegleite, bitte ich den Herrn, mir auf dem Rückwege einen Menschen zu schenken, dem ich von Jesus sagen darf. Da kommt mir ein junger Mann entgegen. Ich weiß genau: Der ist es. Aber ich habe die Frau noch nicht verabschiedet. Als ich dann frei bin, ist weit und breit niemand mehr zu sehen. So singe ich dem Herrn mein Lied, denn die Freude an ihm ist ja meine Stärke (nicht die Freude am Dienst für ihn): „Wir haben einen Felsen…" klingt es durch die Straßen. Da kommt mir der junge Mann von vorhin entgegen. „Sie haben bestimmt Angst, weil Sie so singen. Da will ich Sie doch nach Hause bringen."

„Wie froh bin ich, daß der Herr Sie zurückschickt. Ich möchte Ihnen von Jesus sagen", erwidere ich.

„Da haben Sie aber den Richtigen erwischt", meint er unsicher. „Ja, das rieche ich schon (er hat eine ‚Fahne'); haben Sie eine Bibel?" „Nein, ich bin fremd hier, habe ein Zimmer."

Als wir zu meiner Wohnung kommen, heiße ich ihn einen Moment warten, hole ihm eine Bibel und begleite ihn nach Hause.

Ein Betrunkener fragt mich nach der Schloß-Schenke. Ich nehme ihn an den Arm, was er sich widerwillig gefallen läßt. Vor einem Gasthaus reißt er sich los. Ich überhole ihn und verwehre ihm den Eingang. Er ist wütend.

„Sie sind unter die Mörder gefallen, da kann ich Sie

doch nicht liegenlassen."

„Unter die Mörder gefallen", wiederholt er lallend – und läßt sich nun willig führen, „ich bin unter die Mörder gefallen..."

In seine Mappe lege ich die „Rettung" und klemme sie ihm dann wieder unter den Arm. Da kommen uns seine Bekannten entgegen. Sie nehmen ihn mit nach Hause.

Im Dunkeln hält mich ein Raucher an: „Haben Sie Feuer?" „Jawohl, ich wünschte, es brennte schon." Die Auslegung dazu vergißt er nie.

Beim Liesel brennt's!

Ein Plakat erregt meine Aufmerksamkeit: Tegernseebühne – „Beim Liesel brennt's!" Daraufhin schreibe ich den Schauspielern einen Brief und der Liesel noch einen besonderen mit folgendem Inhalt: „Seit ich weiß, daß es bei Ihnen brennt, habe ich Unruhe um Sie. Wer mit Feuer spielt, verbrennt sich! – Da muß ich Ihnen von einem anderen Feuer sagen. Das Herz des Heilands brennt für Sie, und er ist gekommen, ein Feuer anzuzünden auf Erden. Seit neunzehn Jahren brennt mein Herz für ihn, für alle Menschen, für Sie" – und schließe: „Wie würden sich die Engel im Himmel freuen, wenn der Heiland von Ihnen sagen könnte: Beim Liesel brennt's!"

Trunkensein
von den reichen Gütern Seines Hauses –
ist biblische Nüchternheit

Bei Zigeunern

Ein Pfarrer des Siegerlandes erzählte an einem Sonntag in der Predigt mit großer Freude von einem Erlebnis, das er in der Woche machte. Er kam am „Zigeunerplatz" vorbei, wo sich gewöhnlich „fahrendes Volk" aufhielt. Plötzlich hörte er Kindergesang. Es sind für ihn vertraute Klänge. Mit Begeisterung singen die Kinder: „Gott ist die Liebe, er liebt auch mich!" – Erstaunt fragt er die Kinder: „Sagt mir doch mal, wo habt ihr denn dieses schöne Lied gelernt?" Glücklich antworten die Kinder: „Von der Schwester Berta! Von wem denn sonst?"

Ja, von wem sollen die Zigeunerkinder denn sonst solche Lieder lernen?

Kleine Zelte am Waldrand, Kinderwagen, braune Gestalten mit glänzenden, schwarzen Augen um hell-lodernde Lagerfeuer. Mit einem großen Brot, Taschentüchern mit Märchenbildern für die Kleinen, Schriften mit Bildsprüchen komme ich dazu. Freundlich erwidern alle meinen Gruß. Freude und Erstaunen zugleich liegen in ihrem Blick. Sie sind keinen Besuch gewöhnt, aber gleich bereit, mein Zigeunerlied „Gott ist die Liebe“ zu lernen. Johannes 3,16 ergibt sich, und still hören alle zu, auch die lieben Schirmflicker von der nahen Wiese, welche sich hinzugesellt haben. Deutsche und ungarische Blätter und Schriften nehmen sie gern an.

Nach einer Klavierstunde, ich will gerade zur nächsten Schülerin, faßt mich jemand am Arm. Bittende Zigeuneraugen schauen mich an: „Kommen Sie heute abend? Sagen Sie uns von Jesus? Singen Sie mit uns?“

Froh und gern verspreche ich zu kommen. Abends gießt es in Strömen. Mein Rad ist fast neu. Soll ich fahren? Da gebe ich mir einen Ruck, schäme mich, daß ich mein Rad vor Rost schützen und lieber zu Hause bleiben wollte. Mein Rad? Gehöre ich nicht Jesus? Dann gehören Zeit und Geld und auch das Rad ihm! Es ist ein *Dienstrad*.

Rasch schenke ich Jesus mein Rad, und nun kann es vergnügt über den glatten Asphalt spritzen.

Es wird dunkel. Wo finde ich meine geliebten Zigeuner? Einige Frauen auf der Straße staunen mich an, als ich nach deren Aufenthalt frage. „Gehören Sie etwa dazu?“ „Ja“, rufe ich zurück. „Und *wie* ich dazugehöre!“

Nach langem Suchen finde ich sie endlich. Eine 86jährige Großmutter sitzt am Lagerfeuer, schwenkt gewaschene Wäsche darüber hin und her. Zur Nacht muß trockenes Zeug ins Zelt. Stroh ist rar.

Wie freut sich die liebe Alte über ein paar dicke schwarze Wollstrümpfe! Ihr Gesicht strahlt. Mehrere kleine Zelte sehe ich. In einem schlafen neun Personen. Es gießt. Unter unserem Blätterdach sind wir geschützt: viele Kinder, einige Frauen, ein Mann. Die liebe Oma steckt sich gerade eine Pfeife an. Und nun wird gesungen und der Zigeunerheiland gepriesen, der uns so lieb hat, daß er uns alle bei sich haben möchte. Über eine Stunde lang freuen wir uns zusammen.

Am liebsten führe ich mit ihnen, um ihnen noch mehr zu sagen von der verborgenen Kreuzesherrlichkeit.

Im Bauarbeiterlager

Mit Evangelien und Schriften wandere ich dem Bauarbeiterlager zu. Den lieben Kroaten gilt mein Besuch heute besonders. Ich habe das Lukasevangelium in ihrer Sprache dabei. In Stube 6 sind mehrere Deutsche und vier Kroaten. Als ich nach den lieben Kroaten frage, leuchtet ihr Gesicht. „Nie sagte jemand zu uns ‚liebe Kroaten'. Sie sind die erste, die das tut", meint einer. Wie wohl tut ihnen ein liebes Wort, wie freut sie mein Lied: „Ich bin durch die Welt gegangen"! Fröhlich bezeuge ich ihnen die Liebe Gottes in Christus Jesus. In Zimmer 7 wohnen nur Kroaten. Ich lasse mich häuslich nieder, gebe jedem die frohe Botschaft in seiner Heimatsprache. Sie staunen. Auch hier umfängt uns die gekreuzigte Gottesliebe. In den Händen glücklich ihr Evangelium haltend, hören sie gespannt zu. Da fließt das Herz über, und die Lippen jauchzen vom Heiland, der auch die Kroaten gewinnen möchte, die so heimatlos und ein wenig verachtet sind.

Als ich schweige, bleibt es still, wir beten zusammen – wieder tiefe Stille. Strahlen der ewigen Heimatsonne haben ihre Herzen berührt. Schwer wird es mir, weiterzugehen.

Ein andermal komme ich zunächst in eine Stube mit Deutschen. Ein Mann wirft einen Blick auf meine Blätter und beginnt zu erzählen, wie die Kirche ihn enttäuschte. Dann kommt er auf die „Christen" zu sprechen. Es wird eine lange Rede. Einer nach dem anderen kommt herzu und macht seiner Verbitterung Luft. Einer überschreit sie alle.

Mein Herz ist bewegt. Da muß die Liebessonne erst das Eis schmelzen. In einem Metzgerladen schenkt man mir eine armlange, dicke Dauerwurst. Mit diesem Prachtexemplar von Wurst besuche ich nach Tagen das Lager wieder. „Wo ist der Mann, der vorige Woche so laut geschrien hat?" „Der ist nebenan!" Einer läuft hin, kommt wieder: „Der will schlafen und nicht gestört sein!" Ich gehe rüber und frage: „Wer von euch hat am lautesten geschimpft?" Da zeigen alle auf einen Mann, der anscheinend fest schläft. Da kühlt die

Wurst seine heißen Hände. Sofort tritt sie wunderwirkend in Kraft. Stilles Staunen!

„Weil Sie besonders viel gelitten haben und so extra viel Schweres durchlebten, sollen Sie eine Extrawurst haben. Ich weiß, daß Sie sie mit Ihren Kameraden teilen werden", sage ich.

Alle Müdigkeit ist wie weggeblasen. Er erhebt sich. Alle, auch die, die sonst spotten und lachen, nehmen ihre Hocker und setzen sich zu mir. In dieser Stunde geschieht das früher Unmögliche: Alle hören nun wirklich dem Worte Gottes zu und bitten um ein Lied. Ich weiß eines jeden „Geschichte" und verstehe ihre anfängliche Ablehnung.

Der „Wurstbesitzer" zeigt mir die Bibel und Losung sowie ein großes silbernes Kruzifix. Sein überkommener Kinderglaube hielt in den Proben nicht durch. „Sie kriegen fünfzig Mark von mir, wenn Sie mich dazu bringen, wieder glauben zu können!", sagt er.

Wir wissen, daß unserem Zeugnis das Überzeugen durch den Heiligen Geist folgen muß. Ich weiß, heute hört ihr Herz zum ersten Mal. Von selbst falten sich die harten Hände. Wir danken – auch für die Wurst. „Zum Abschied bitte noch ein Lied!", höre ich sagen. Gern singe ich ihnen noch ein Gutenachtlied. Der Herr aber wirke Frucht auch durch dieses Zusammensein!

„Im Oberlicht mit Oberleitung,
Herz, Aug' und Ohr auf Dich gericht',
empfang' ich alle Dienstbereitung:
die Liebesglut, das Freudenlicht,

Geduld und herzliches Erbarmen,
ein zeugenmutig Für-Dich-gehn,
ein fein Gemerk für alle Armen,
die hungernd noch im Schatten stehn.
Als Deine Botin darf ich wandern,
so überfließend reich gemacht,
bis auch im Lichte stehn die andern,
die Deine Gnade heimgebracht."

(Berta Isselmann, nach Ps. 119,45)

„In Eisenbahn und Omnibus den Heiland man bekennen muß!"

Überfülltes Abteil. Ein älterer Herr spricht mich an, und schon sind wir bei dem einen, „was not tut". „Sind Sie ein Gotteskind?" „Nein", antwortet er traurig, „ich möchte es gern werden." Ich zeige ihm den Weg. Still hören alle zu. Ein Buch von Pastor Modersohn freut ihn sehr. Er bittet um meine Anschrift. Herzlich dankend verabschiedet er sich. Der suchende Hirte geht mit ihm. Als er ausgestiegen ist, klagt ein Mädchen: „Ich bin doch auch ein Gotteskind, ich hätte auch ein Zeugnis sagen sollen."

Der alte Herr schreibt mir später, daß er den Heiland gefunden und den Auftrag habe, mir zu helfen. Da ich gerade ein Paar Männerschuhe Größe 42 brauche, bitte ich ihn darum.

Als Angriffszeichen Blätter in alle Abteile; kein Echo. An einer Umsteigestation verlassen alle „unseren" Wagen. Als ich mich anschicke, ein anderes, „bewohntes" Abteil zu suchen, faßt mich der Schaffner am Arm: „Dort hinten sitzt eine trauernde Frau, helfen Sie ihr!"

Ein verzweifeltes Menschenkind sucht Trost. Kraft und Licht schenkt das Wort Gottes. Der leiddurchpflügte Boden nimmt den Samen tief in sich auf. Wir falten die Hände; wortlos drückt mir die Getröstete die Hand und hält sie fest.

Ich sitze in der Ecke des Abteils und ruhe aus. Da wollen die Blätter heraus aus der Mappe. Alle im Abteil nehmen eins an. Eine Frau meint: „Das Christentum ist jetzt modern." Ihre Nachbarin ist ablehnend, und ein Mann wirft mich hinaus. „Werft den Heiland nicht raus, wie mich jetzt, sonst läßt er euch nachher nicht rein!" Die Schriften bleiben liegen.

Alle übrigen Passagiere nehmen stumm ein Blatt – bis zum Dienstabteil. Die jungen Schaffner ereifern sich: „Wissen Sie nicht, daß Sie keine Blätter verteilen dürfen? Die Direktion hat das streng verboten."

Es folgen häßliche Worte über das teure Bibelbuch.

„Wenn aber jemand hier im Zug sitzt, der Angst vor dem Sterben hat und in meinem Blatt die erlösende Antwort findet? Wo der Tod Eingang hat, darf vom Leben nicht geschwiegen werden. Meist lehnen diejenigen, welche das Verteilen der Schriften verbieten, persönlich Jesus ab. Wie steht's bei euch, könnt *ihr* sterben?"

Erschrocken kommt die Gegenfrage: „Haben Sie eine Bibel?" Fröhlich hole ich nicht nur meine Bibel, sondern auch Koffer und Taschen ins Dienstabteil. Nun bricht ein Fragen auf. Die Schrift antwortet. Wenn sie auf jeder Station kurz unterbrechen müssen, entschuldigen sich die beiden. Sie sind wie verwandelt.

Da poltert ein älterer Schaffner herein: „Ist *das* jetzt eure Arbeit?" „Ja", antworte ich, „jetzt hören wir, was Gott uns zu sagen hat." Er setzt sich, wird aufmerksam. Alle drei horchen und danken sehr herzlich für die entsprechenden Schriften. Das Licht hat gesiegt über alle Finsternis. –

Als die Straßenbahn durch einen Obus abgelöst wird, denke ich: „Nun ist es aus mit Schriftenmission." Aber siehe da, der Sitz des Schaffners am Eingang, an dem alle Reisenden vorbei müssen, begünstigt meine Tätigkeit. Mit Traktaten versehen (ich fahre nie ohne) setze ich mich neben den Schaffner. Er locht die Fahrscheine, und ich gebe jedem Fahrgast anschließend ein Blatt.

Der Obusschaffner fragt: „Woher haben Sie den Mut und die Kraft, so frei Blätter zu verteilen?" Wir lesen Jesaja 43,1: „Und nun spricht der Herr: Fürchte dich nicht, denn ich habe dich erlöst; ich habe dich bei deinem Namen gerufen: du bist mein."

Die Reisenden merken, daß der Schaffner ins Gespräch vertieft ist. Sie kommen deshalb in unsere Ecke und lassen sich die Karten dort knipsen. Er gibt mir seine Adresse, damit ich ihm weiter dienen kann.

Als ich wieder einmal in den Obus steige, sagt der Schaffner: „Nun kann Ihr Geschäft losgehen" und nimmt dankend ein Blatt. Auch alle anderen sind so aufmerksam, daß ich die Liedblätter verteile, und alle singen mit. Zwischendurch hören sie ein Wort. Es ist wie in einem Gottesdienst.

Trübes Wetter morgens – trübe Stimmung unter den Arbeitern im Obus. Einer sagt spöttisch: „Man müßte singen." Und schon klingt es auf: „Lobe den Herren, o meine Seele." Niemand fällt ein. Nach Schluß der ersten Strophe geht ein Schimpfen los. Da ziehe ich andere Register, und Stille herrscht während der gesungenen Verheißung: „Der Heiland sorgt für dich!" Alle drei Verse kann ich ungestört singen – einige danken sogar.

Magie-Festival

Auf vielen Plakaten war angezeigt: „Magie-Festival mit indischen Fakiren und chinesischen Zauberern". Natürlich muß ich da hin, um zu missionieren. Zuerst denke ich: „Magie? Da muß ich unbedingt das Buch „Dämonische Mächte" mitnehmen.

Mit vielen dieser Bücher bewaffnet, fahre ich nach Siegen zur „Siegerlandhalle", wo die Veranstaltung stattfindet. Ich setze mich in eine der Garderoben. Schon bald kommt jemand und will mich wegjagen. Freundlich sage ich: „Da habt ihr hier indische Fakire und chinesische Zauberer. Was für Landsleute seid ihr eigentlich?" „Wir sind Türken und Italiener, natürlich auch Deutsche. Das andere ist ja alles nur Theater!" Schnell fahre ich nach Hause und hole türkische und italienische Literatur.

Bald bin ich wieder zurück. Ich gehe von Garderobe zu Garderobe und verteile Schriften und Traktate. Einem jungen Mann gebe ich ein Neues Testament. In einer Garderobe sind Frauen. Sie tragen schwarze Kostüme mit Hörnern und Schwänzen. Und Augen haben diese Frauen! Solche Augen könnte der Teufel selbst haben, denke ich. Ich sage zu diesen Leuten: „Überlegt euch doch einmal, was Jesus zu dem sagt, was ihr hier macht!?" und gebe ihnen das Buch „Dämonische Mächte". Sie sagen: „Das lesen wir nicht." Meine Antwort: „Klar, das Buch lest ihr, jeder bekommt eins."

Rasch eilt einer in einem weißseidenen Fakir-Kostüm vorbei und bemerkt: „Das würde mich auch interessieren!"

In einer anderen Garderobe werde ich gefragt: „Wer schickt Sie überhaupt?" Ich nehme meine Bibel zur Hand. Der Mann brüllt mich an: „Tun Sie das Buch weg!" „Nein", sage ich, „Sie haben mich gefragt, und die Antwort steht in diesem Buch." Dann lese ich ihm aus meiner Bibel vor. Der Mann macht Augen wie ein Hypnotiseur. Ich denke: „Starre mich nur an! Bei mir hast du keine Macht!" Er hört aus der Bibel, wer mich sendet. Als er merkt, daß er bei mir nichts ausrichten kann – er ist der Leiter der Gruppe –, sagt er: „Ich wünsche Ihnen Glück!“ Darauf gebe ich ihm zur Antwort! „Das können Sie gar nicht. Glück ist: Mit Gottes Willen im Einklang stehen. Das allein ist Glück!“

Diesem Mann habe ich die ganze Wahrheit gesagt, auch wenn er sehr wütend wurde; aber er konnte seine Wut nicht auslassen. Eine weitere Frage gebe ich ihm noch mit auf den Weg: „Warum dient ihr denn dem Besiegten, wo doch ein Sieger da ist?“ Ich rühme das Blut Jesu und rufe seinen Sieg aus.

Schließlich kommt mir der Gedanke: Wenn jetzt der Apostel Paulus hier wäre, hätte er alle Dämonen ausgetrieben. Ganz bestimmt! Manchmal fühle ich mich in solchen Situationen unfähig, durchschlagend für Jesus zu wirken.

Draußen vor der Halle treffe ich den jungen Mann, dem ich das Neue Testament gab. Ihm sage ich: „Hüten Sie das Buch gut!“ Der Leiter der Gruppe ist nämlich der Vater des Jungen.

Als ich meine, alle Möglichkeiten ausgeschöpft zu haben, fällt mir plötzlich wieder jener Fakir im weißseidenen Gewand ein, der zu mir sagte: „Das würde mich auch interessieren.“ Fest entschlossen wage ich mich noch einmal in die „Hölle“. Inzwischen hat aber dieser Mann wohl sein Kostüm gewechselt, so daß ich nicht weiß, wie er jetzt aussieht. Darum bete ich beim Eintreten in die Halle: „Vater, zeige mir den Mann, der vorhin Interesse gezeigt hat.“

In der ersten Garderobe schminkt sich einer ab. Ich frage ihn: „Da war doch ein Mann, der Interesse an meinem Buch zeigte." „Das bin ich!" erwidert der Angesprochene. Der Herr hat also mein Gebet sofort erhört!

Lange rede ich mit jenem Mann unter vier Augen.

Immer wieder erfahre ich die Wahrheit des Wortes Gottes aus Jesaja 4,5 b: „Es wird ein Schirm sein über alles, was herrlich ist."

Vom Kapellmeister zum Missionar

Im Missionshaus der Süd-Ost-Europa-Mission sitze ich längere Zeit mit Missionar Laci Arànyi aus Bern zusammen. Er erzählt mir seine Bekehrungsgeschichte und vom Zusammentreffen mit Schwester Berta Isselmann im D-Zug von Zürich nach Basel.

Bruder Arànyi berichtet:

Schon 1940 hatte ich eine Erweckung erlebt. Doch schon bald danach wurde ich Gottes Geist gegenüber ungehorsam und fiel in das alte Leben zurück. Es wurde schlimmer als zuvor.

An einem schönen Maitag fahre ich von Zürich nach Basel. Ich finde einen Platz in einem Kurs-Wagen, der nach Deutschland geht. In einem Abteil des Wagens befindet sich außer mir nur noch eine ältere Frau. Sie steht am Fenster und spricht mit den Menschen auf dem Bahnsteig. Dann ruft sie mit lauter Stimme zum Fenster hinaus: „Ich liebe sie alle und lasse alle herzlich grüßen!"

Kurz darauf fährt der Zug ab. Ich höre, wie die Frau noch lauter, mit „Windstärke elf", zum Fenster hinausschreit: „Das Licht der Gerechten brennt fröhlich!"

Inzwischen ziehe ich mich in die äußerste Ecke des Abteils zurück. Ich spüre eine Gefahr. Mein fester Vorsatz ist: „Mit dieser Frau will ich nichts zu tun haben." Krampfhaft sitze ich hinter meiner Zeitung und denke dabei: „Sie soll ja nicht mit mir reden!"

Fast eine Stunde sind wir schon zusammen gefahren, ohne ein Wort zu wechseln. Die Frau ist ganz vertieft in ein Heft, das sie liest. Ich bin froh und glücklich darüber, daß sie mich in Ruhe läßt. Aber meine Freude währt nicht lange. Plötzlich spricht sie mich an: „Lesen Sie immer Zeitungen?" Kurz und deutlich sage ich: „Ja!" Sie gibt mir die Schrift, die sie vorher selbst gelesen hat. Ich schaue das Heft an und lese: „Kennst DU Jesus?" Schnell stecke ich die Schrift in die Tasche, breite meine Zeitung aus und will weiterlesen. Aber die Frau ist schneller. „Was sind Sie für ein Landsmann?" fragt sie. Ich denke: Was geht sie das an? Ich wünsche einfach keine Unterhaltung. Und doch sage ich: „Ich bin in Ungarn geboren und lebe seit 1938 in der Schweiz, wo ich mein Bürgerrecht erworben habe."

Dann fragt sie weiter: „Was haben sie für einen Beruf?" Durch diese Fragen wird die Frau mir immer unbequemer. Meine Antwort: „Ich bin Kapellmeister und spiele Geige." „Wunderbar!" ruft sie aus, „ich bin Klavierlehrerin gewesen." Wieder denke ich bei mir selbst: Was geht das mich an? Nur einen Wunsch habe ich, daß sie endlich schweigt und mich in Ruhe läßt.

Aber weit gefehlt! Statt dessen spricht sie mit mir über Jesus. Doch davon will ich nichts wissen. Plötzlich fragt sie mich nach meiner Adresse. Das fehlt mir gerade noch, daß meine Frau Briefe von anderen Frauen erwischt und liest! Um jede weitere Diskussion zu vermeiden, gebe ich ihr meine Adresse in Zürich an, wo ich als Kapellmeister tätig bin. Sie schreibt das auf. Aber ich bin überzeugt, daß sie mir *nicht* schreiben wird. Jetzt habe ich nur noch den Wunsch, daß unser Zug endlich nach Basel kommt, damit ich sie los werde.

Zu meiner größten Überraschung sagt die Frau kurz vor Basel: „Wir wollen noch zusammen beten!" Wie ein Zwang kommt es über mich. Ich kann nicht „nein" sagen und muß meine Hände falten. Sie betet für mich, daß der Herr Jesus mir Gnade schenken möchte, damit ich den Weg zu ihm finden und teilhaben kann an seiner herrlichen Erlösung. Dann verabschieden wir uns.

In meiner Wohnung in Basel angekommen, gehe ich zuerst in das Schlafzimmer. Da liegt meine Bibel auf dem Nachttisch, jahrelang ungeöffnet. Als ich so die Bibel anschaue, redet eine innere Stimme zu mir: „Warum hast du Gottes Wort so unbeachtet liegen lassen? Du bist untreu!" Ich bin ganz allein im Schlafzimmer; aber ich weiß, wer jetzt zu mir redet. In meinem ganzen Leben habe ich mich nie so geschämt! Ich stecke die Bibel in meine Aktentasche und lese seitdem täglich auf der Fahrt von Basel nach Zürich nur noch die Bibel. Doch ich bin voller Fragen. Zwei Bibelstellen sind es, die mich am meisten beschäftigen:

Johannes 3,3: „Jesus antwortete und sprach zu Nikodemus: Wahrlich, ich sage dir: Es sei denn, daß jemand von neuem geboren werde, so kann er das Reich Gottes nicht sehen…"

2. Korinther 5,17: „Ist jemand in Christo, so ist er eine neue Kreatur; das Alte ist vergangen, siehe, es ist alles neu geworden."

Wenige Tage nach unserer Begegnung kommt ein Brief von Schwester Berta Isselmann mit folgendem Inhalt: „Der Herr Jesus liebt Sie! Der Herr Jesus sucht Sie! Und einen solchen Freund wie Jesus Christus gibt es nicht! Der Herr Jesus enttäuscht uns auch nie!" Im Brief waren noch zwei Adressen mit Telefonnummer, an die ich mich wenden könnte, falls ich weitere Hilfe nötig hätte.

Jetzt kommt die schlimmste Zeit meines Lebens. Ich kann nachts nicht mehr schlafen. Sechs Wochen lang ist die Hölle in mir los, bis ich beim Bibellesen plötzlich erkenne: Du bist ein elender Sünder, und ohne die Gnade Gottes in Jesus Christus bist du auf ewig verloren. Dies ist der größte Schrecken meines Lebens gewesen.

Endlich kann ich Mut fassen und mich entscheiden. Ich telefoniere an die Adresse in Zürich und gehe dorthin. Der gläubige Bruder fragt, was ich auf dem Herzen habe. In aller Offenheit bekenne ich ihm: „Ich habe das Wort Gottes verachtet und bin untreu gewesen.“ Wir beten dann zusammen, und ich übergebe mein Leben dem Herrn Jesus.

Ein geistlicher Hunger und Durst erfassen mich, so daß ich oft ganze Nächte hindurch die Bibel lese. Ich sehne mich nach Klarheit und Licht. Endlich, in einer Nacht, halte ich es nicht mehr aus. Ganz allein im Zimmer, rufe ich laut: „Jesus Christus, wenn du der wahrhaftige Erlöser bist, dann schenke mir dein Licht, damit ich verstehe, was dein Wort mir sagen will!“

Ich blieb ganz still; wie lange, weiß ich nicht mehr. Plötzlich kam eine unbeschreibliche Freude über mich. Ich sprang auf und rief laut: „Herr Jesus, das ist etwas Wunderbares!“ Ein Licht wurde in mir angezündet; ich war wiedergeboren. Jetzt verstand ich Johannes 3,3 und 2.Korinther 5,17.

Ich wußte sofort: Für diese unverdiente Gnade muß ich alles aufgeben. So ist mein Leben neu geworden. Ich kann froh bezeugen, daß der Herr Jesus jeden, der zu ihm kommt, nicht hinausstößt.

Ganz neu verstehe ich jetzt auch, daß Schwester Berta, die ich auf der Reise von Zürich nach Basel „ins Pfefferland“ wünschte, für mich ein Botschafter Gottes gewesen ist.

Mein bis dahin oft abenteuerliches Leben soll seine schönste Erfüllung finden in dem großen Abenteuer eines neuen Lebens im Dienst für Jesus Christus. Heute bin ich nicht mehr Kapellmeister, sondern Missionar.

„Laß dein Brot über das Wasser fahren, so wirst du es finden nach langer Zeit"

Mit dieser tröstlichen Verheißung aus Prediger 11,1 beschenkt und von vielen umbetet, brennt mein Licht fröhlich an Hecken und Zäunen.

Auf einer großen *Baustelle* ist Frühstückspause. Im kleinen Bus sitzen einige Ausländer beim Frühstück. Sie hören das Rühmen des internationalen Jesusnamens und nehmen Traktate in ihrer Sprache an. Ein Jugoslawe schaut auf den Lesestoff in seiner Hand: „So wenig?" Als ich ihm noch zwei Traktate gebe: „Ist das alles? Ich lese so etwas sehr gern." Wie strahlt sein Gesicht, während er mir seine Adresse diktiert, um ein Neues Testament zu bekommen!

Im Nachbarwagen begrüßen mich meine Landsleute freundlich. Sie hören zu, und ich kann mit ihnen die Hände falten. Skeptisch schauen mich die Arbeiter eines neuen Wagens an, einer von ihnen lästert. Singen ist dem Teufel zuwider: „Ich bin durch die Welt gegangen", beginne ich zu singen. Das macht sie ruhig. Ein Büroangestellter kommt herein und begrüßt mich als alte Bekannte: „Sie kommen doch schon jahrelang in unser Büro." Das bringt auch den Lästerer endgültig zum Schweigen, alle hören zu und nehmen Literatur an – außer einem Arbeiter, der noch abwartend ist. Auch hier besteht die Möglichkeit, mit ihnen die Hände zu falten. Es ist eine Frucht der vielen Gebete, daß Missionsdienst in solchen Bauwagen möglich ist.

Auf dem Sportplatz grüßt das Bunt eines kleinen *Zirkus.* Dem Kassenfräulein bin ich bekannt; sie nimmt gern ein Büchlein. Ohne „Tierschaukarte" darf ich durchgehen. Bei den Arbeitern ist wenig Interesse vorhanden, einige nehmen Evangelien an, doch es kommt kaum zum Gespräch. Aber der junge Mann im Pferdestall hört nachdenklich zu und möchte sich aussprechen. Nach vielen Enttäuschungen mit Menschen sehnt er sich nach dem wahren Freund Jesus, der nie enttäuscht. Zwischen den Wagen falten wir die Hände und beten zusammen. Dankbar schaut er mich an und freut sich über die Literatur. Bei meinen wiederholten Besuchen sind wir immer ein wenig zusammen; für diesen erweckten jungen Mann müssen wir besonders beten.

Allmählich kommen auch andere Arbeiter fragend herbei, nehmen Liedblätter, und wir sitzen schließlich auf Baumstämmen und singen Jesuslieder. Ihre Herzen sind bewegt.

Mit Schriften in verschiedenen Sprachen gehe ich zu den schönen Wohnwagenanhängern: Franzosen, Araber, Italiener, Ungarn und besonders die Tschechen nehmen dankbar an. Anderntags ruft eine Tschechin: „Die Hälfte des Buches habe ich schon gelesen!"

In der tschechischen Artistenfamilie werde ich besonders liebevoll aufgenommen. Die Hausfrau serviert mir Kaffee und Butterbrote. Sie und ihr Mann, dessen Stolz die klugen Pferde sind, hören aufmerksam zu. Sie möchten viel zu lesen haben, da wir uns voraussichtlich nicht wieder begegnen. Dann beten wir noch zusammen.

Der dänische Clown nebenan wehrt sich mit Händen und Füßen, schaut die dänischen Evangelien verächtlich an und wirft mich schließlich hinaus. Was muß er erlebt haben! Sein Gebaren schreit die ganze Heilandslosigkeit und Heilandsbedürftigkeit heraus. Der arme Spaßmacher! Bei all meinen fünf Zirkusbesuchen bleibt er unerreichbar. Die „lustigen" Clowns sind meist die traurigsten Menschen.

Um Stille zu haben, steige ich im *Schnellzug* in ein leeres Abteil. Der Schaffner fährt mich an: „Können Sie nicht lesen? Die vier ersten Abteile sind reserviert." Ich entschuldige mich wegen meiner kranken Augen, betrete das fünfte Abteil und lasse mich neben dem einzigen Fahrgast nieder, der beide Fensterplätze belegt hat. „Guten Morgen!" sage ich. „Ich habe zwar auch ein leeres Abteil gesucht, doch der Schaffner wies mich zu Ihnen. So hat der Herr Programm gemacht, und ich soll Ihnen dieses Buch geben."

Ganz überrascht schaut er abwechselnd das Buch in seiner Hand und mich an und sagt dann: „Nun habe ich in der Kur etwas zu lesen." Er legt das Buch beiseite, aber ich fahre fort: „In die Kur fahren Sie? Haben Sie Gottes Wort bei sich?" Auf seine verneinende Antwort mache ich ihm klar, wie wichtig die Bibel ist. „Wenn Sie in Kur fahren, haben Sie viel Zeit, sich mit Gottes Wort zu beschäftigen! Hören Sie auf das, was Jesus Ihnen sagen will. Er hat Sie sehr lieb! Nutzen Sie die Kur für die Ewigkeit! Geben Sie mir bitte Ihre Adresse!" Willig notiert er seine Kuranschrift. „Wer betet für Sie?" – „Niemand", antwortet er. „Dann bete ich für Sie!"

Als ich ihn bitte, mir aus der Bibel vorzulesen, verläßt er das Abteil. Da er sein Gepäck holen muß, kommt er zurück. „Von Herzen wünsche ich Ihnen reichen Segen beim Lesen des Neuen Testaments. Ich bete für Sie, am besten gleich jetzt." Ich falte die Hände und befehle ihn nach Geist, Seele und Leib Gott an. Er drückt mir wortlos die Hand und steigt aus. Jesus steigt mit ihm aus, aber er bleibt auch bei mir, um mir für die zugestiegene Frau die rechten Worte zu schenken.

„Weil Du mein Heiland bist,
dem nichts unmöglich ist,
ruh' ich in Dir.

Du meine Kraft, mein Licht;
wenn mich der Feind anficht,
ruh' ich in Dir.

Du Überwinder mein,
ich darf glückselig sein –
ruhend in Dir."

Elende werden fröhlich

Morgens im Bus kreist die Schnapsflasche. Mit einem Gruß geselle ich mich zu den Männern, die ihre ganze Heilandslosigkeit herausschreien: „So viele Todesfälle in unserer Familie in einem Jahr! Was soll man davon halten? Ich verstehe das nicht. Wo ist Gott denn nur? Wenn es Gott gäbe, müßte die Flasche in meiner Hand zerbrechen, wenn ich trinke."

Erwartungsvoll schaut er mich an und wird ruhiger, als ich ihm von dem Durchbrecher aller Bande erzähle. „Ja, Sie sind richtig! Wie *Sie* sollte man denken, aber ich kann nicht glauben."

Ehe ich aussteige, gibt er mir seine Adresse: Gottes Wort fehlt nämlich in seiner Familie. Die halbstündige Fahrt wird der Heilige Geist auswerten, damit ein Elender froh werden kann.

In der Post herrscht Hochbetrieb. Da ich sechs Telefonate zu erledigen habe, lasse ich allen den Vortritt. Nachdem alle fertig sind, hilft mir der freundliche Postbeamte, die Verbindungen herzustellen. So nimmt er teil an den verschiedenen „Dienstgesprächen", die ich z.T. auch mit Strafgefangenen führe. Nachdem alles erledigt ist, schenkt der Herr Zeit zum Gespräch. Der Postbeamte ist religiös und kennt den Weg zum Heil – aber er ist fromm und fern zugleich.

„Ich sehe, Sie haben Lampe und Leitung. Aber wenn ich anknipse, bleibt es dunkel. Der Strom fehlt. Ihnen fehlt der Heilige Geist."

„Ja", nickt er und hört etwas über die Notwendigkeit von Bekehrung und Wiedergeburt. Er wird ernst und still. Wir falten zusammen die Hände. Gern nimmt er Literatur an und dankt besonders für das Gebet. – Erst jetzt kommen Leute mit Paketen; Jesus hat sie zurückgehalten, damit wir am Postschalter miteinander reden und beten konnten.

Während der Karnevalszeit sitze ich im Schnellzug einer alten Dame gegenüber, die ihr Alter bedauert und darüber verstimmt ist, daß sie nur zuschauen kann, wie sich die Jugend amüsiert. Spontan springt sie auf, tänzelt unter Hallelujarufen durch den Wagen. Es ist schrecklich! – Auch der Lebemann mir gegenüber rühmt sich frech: „Ich kenne nur Leidenschaft, nichts anderes interessiert mich." Solche Menschen sind wirklich zu bedauern!

Als ich beginne, den rettenden Siegesnamen Jesus zu verkündigen, den Quell aller Freude, winkt die Frau verächtlich ab, aber der „Leidenschaftliche" wird nachdenklich. Er gibt den Betrug des Teufels zu, der von Liebe redet und nur Leidenschaft serviert und Freude anpreist, die höchstens Vergnügen ist.

„Ich fahre für sechs Wochen in ein Herzbad, bin krank und allein", seufzt er. „Haben Sie Gottes Wort mit?" frage ich. „Zu Hause habe ich sogar eine Bibel, aber ich habe sie nie gelesen."

Ich verspreche ihm, an seinen Kurort ein Neues Testament zu schicken, damit er die wahre Freude erleben kann.

Auf dem Umsteigebahnhof gesellt sich die alte

Dame zu mir und will mir behilflich sein. Sie ist sichtlich verändert. All ihre Selbstsicherheit ist dahin. Da unsere Anschlußzüge noch in der Ferne rollen, haben wir Zeit zu einem tiefergehenden Gespräch. Nachdenklich bemerkt sie zuletzt: „Vielleicht lerne ich auch noch glauben." Gott hört das Schreien der Elenden! –

Ein Lehrer unternimmt mit seinen Schülern eine Umfrage unter Erwachsenen. Zwei von ihnen begegnen mir mit ihrem Notizblock und fragen: „Was ist der größte Fehler unserer heutigen Jugend?" Sie notieren eine Antwort: „Der größte Fehler unserer heutigen Jugend ist, daß sie sich nicht am Wort Gottes orientiert." Dazu diktiere ich ihnen Psalm 119,9 und 105: „Wie wird ein junger Mann seinen Weg in Reinheit gehen? Wenn er sich hält an deine Worte." Und: „Dein Wort ist meines Fußes Leuchte und ein Licht auf meinem Wege."

Ich frage Jugendliche, die vor einem Kino stehen: „Wer von euch liest noch die Bibel?"

„Ich", antwortet ein Junge.

„Was gefällt dir darin besonders?"

„Psalm 23!"

Nun hören sie von mir, wie man ein Schaf des guten Hirten wird und Jesu Fürsorge erfährt.

Später sitze ich einem älteren Mann gegenüber, dem das Elend aus den Augen schaut. „Lange habe ich einen Menschen gesucht, der mir helfen kann." Er holt seine alte, unbenutzte Bibel hervor und sucht mühsam nach einigen tröstlichen Bibelstellen. Wie dürres Land den Regen aufnimmt, so nimmt er Gottes Wort auf.

Seine Nerven entspannen sich, und ein Leuchten huscht über sein Gesicht. Gott weiß, was in den zwei Stunden unseres Zusammenseins an seinem Herzen geschah. Wir loben und preisen schließlich miteinander den Herrn.

Abends im Bibelkreis strahlt er und bezeugt dem Leiter: „Heute bin ich wiedergeboren!"

So werden Elende fröhlich! Laßt uns weiterhin Gott ein Lobopfer unserer Lippen bringen und seinen Namen bezeugen, bis er kommt!

Während einer Dienstreise durch das Sauerland stehe ich an einer Bushaltestelle; direkt neben einer Litfaßsäule, an der gerade ein Plakat angebracht wird. Der überquellende Leim lockt mich, ein Traktat daneben zu kleben. Der Leim wie auch der Raum reichen für das Traktat aus. Werbung für das Evangelium! Die Überschrift heißt: „Der breite und der schmale Weg". Und siehe da: Schon bald lesen alle an der Bushaltestelle das Traktat. Das Plakat wird dagegen kaum beachtet. Gewiß werden manche dabei zum Nachdenken kommen und den festen Vorsatz im Herzen fassen, den schmalen Weg zum Leben und nicht den breiten Weg ins Verderben zu gehen.

Im Dienst für Jesus sind Überraschungen an der Tagesordnung

Natürlich genügt es nicht, Jesu Ruf einmal gehört und seine Liebe erkannt zu haben. Wir müssen in ständigem Horchen auf sein Wort und seinen Wink Glaubenserfahrungen machen, um quellfrisch weiterzusagen, was wir hören und erleben.

An der Straßenbahnhaltestelle wartet ein Schaffner auf seine Bahn. Er nimmt das Traktat an mit der Bemerkung: „Ich tue nichts Schlechtes!"

„Sie sind durch und durch schlecht", antworte ich. „Wir sind alle in Sünden geboren, und in dem getrennten Zustand tun wir, was Gott mißfällt. Das sind dann die Sünden."

Erstaunt horcht er auf. „Ich möchte mich mal gern eine Stunde mit Ihnen unterhalten", wünscht er. Und Gott schenkt es. Meinen Zug lasse ich einfach wegfahren. Sein Zug kommt und kommt nicht: Stromausfall! Wie dürres Land den Regen, so nimmt er begierig die Botschaft auf. Schließlich bekommt er von mir das Buch „Friede mit Gott" von Billy Graham, wofür er sehr dankbar ist.

Unterwegs schaue ich mir die Buchstaben auf den Nummernschildern der Autos an. Dort lese ich: SI-CE. Ich warte auf den Besitzer des Wagens. „Sie haben ja Evangelium am Auto: *S*ieg *i*n *C*hristi *E*rlösung", grüße ich ihn und erläutere dem verdutzten Zuhörer sein

Nummernschild. Der Heilige Geist wird es ihm lebendig machen. –

Auf dem zugigen Bahnsteig muß ich eine Stunde auf den Anschlußzug warten. Fröhlich unterhalten sich in meiner Nähe einige Schulmädchen, die noch länger als ich auf ihren Zug warten müssen. Rasch haben wir Bekanntschaft geschlossen. Natürlich erzähle ich ihnen von meinem großen Glück, von Jesus, dem Gekreuzigten und Auferstandenen, und wie er aufgefahren ist. „Maria ist auch aufgefahren", bemerkt Sabine. „Wo steht das in der Heiligen Schrift?" frage ich. „Ich habe meine Schulbibel in der Mappe und lese vor", antwortet Sabine. Erstaunt liest sie Apostelgeschichte 1. „Es war doch Jesus!" bestätigen sie einstimmig. Nun möchten sie mehr hören. Es wird eine gesegnete Kinderstunde. Eines der Mädchen gibt mir ihre Anschrift. Herzlich verabschieden sie sich von ihrer „Tante Berta". Jede bekommt ein Neues Testament und einige Kinderbücher.

Es kam zu einem guten Briefwechsel und schließlich sogar zu einer Einladung.

„Liebe Schwester Berta..."

Schwester Berta schreibt viele Briefe; aber sie bekommt auch manchen Dankesbrief:

„Ich bin vom Zirkus Hagenbeck, den Sie gestern besuchten. Sie schenkten mir das Neue Testament. Anschließend haben wir noch ein paar Worte gewechselt. Ich bewundere Sie, daß Sie bei Wind und Wetter unterwegs sind, um den Menschen zu helfen. Sie sagten, Sie haben Rheuma, und gingen in eine Garderobe, um Ihre Sachen zu trocknen. Hoffentlich haben Sie sich nicht erkältet! Ich muß Ihnen schreiben und für das danken, was Sie für uns tun. Zwar hatte ich Sie nachher noch gesucht, um Ihnen ein Paar warme Sokken zu geben, aber leider nicht gefunden. So erlaube ich mir, in diesen Brief zehn DM für Sie persönlich zu tun, damit Sie auf Ihren Wegen zu den Menschen mal eine Tasse heißen Kaffee trinken können. Alles Liebe und Gute für Sie. Ich werde Sie nicht vergessen, Ihre..."

Eine Dirne aus einem Großstadt-Bordell: „Ihr Besuch in der ...straße hat auf uns alle einen tiefen Eindruck gemacht. Es ist ja alles sehr traurig, aber, liebe Schwester, helfen Sie uns doch aus diesem Elend. Wir sind ja alle nur arme, schwache Geschöpfe. Beten Sie für uns bei Gott: Jesus möge uns allen helfen. Aber wie? Es ist sehr schwer, glauben Sie uns. Beten Sie für uns, Gott möge uns den Mut geben, daß wir aus unserem Elend herausfinden. Mit vielen lieben Grüßen an Sie und an Gott. Ihre ..."

Aus einem Gefängnis: „Herzlichen Dank für Ihr Päckchen... Nun weiß ich, daß ich nicht mehr allein bin, weil durch Sie Jesus zu mir gekommen ist. Ich habe lange Jahre hindurch vergeblich nach Gott gesucht. Aber nun hoffe ich doch, daß ich Gott wirklich gefunden habe. Ich werde Ihm mein ganzes Herz schenken. Es hat lange gedauert, bis ich Jesus in mein Herz hineinließ. Ich hätte Ihn vielleicht schon früher gefunden, aber es hat ein ‚Wegweiser' gefehlt. Wenn man ohne Liebe und Elternhaus aufwächst, dann ist der Weg sehr weit und dornenvoll... Ich bin glücklich, daß ich nun endlich zu Gott gefunden habe..."

„Endlich komme ich dazu, Ihnen zu schreiben. Vor allem aber möchte ich mich für Ihre lieben Zeilen bedanken, welche mich sehr erfreut haben. Ihr Schreiben hat mich sehr beeindruckt, denn einen solchen Brief habe ich bis jetzt noch von niemandem bekommen. Das Büchlein habe ich gelesen, jeden Abend einige Kapitel, und mir so meine Gedanken gemacht. Wissen Sie, liebe Schwester Berta, für mich ist das Christentum ziemlich neu, denn ich hatte sehr, sehr wenig, ja – um ganz ehrlich zu sein – die letzten zwölf Jahre gar keine Verbindung mit Gott. Wenn ich Sie gehabt hätte, wäre ich wahrscheinlich nicht hier..."

Aus einer einsamen Zelle: „Ihren lieben Brief habe ich erhalten. Es hat mich sehr gefreut, daß Sie an mich gedacht haben und mich in Ihre Fürbitte einschließen wollen. Ihr Vortrag hat mir sehr zu denken gegeben. Auch bin ich froh, daß Sie mir das Traktat ‚Er – ich' schickten. Jeden Tag lese ich es durch. Abends denke ich oft nach, was Sie uns erzählt haben..."

Aus einem Brief eines italienischen Strafgefangenen: „Ich bin so durstig nach Gottes Botschaft, daß ich auf alles andere verzichten würde. Du hast mich wie der barmherzige Samariter aufgelesen, gepflegt und durch Gottes Wort geheilt. Ich war so tief in meinen Sünden verzweifelt und hoffnungslos. Da kamst Du, durch Gottes Hand geführt, und brachtest mich in eine neue Welt voll Sonne und Licht, in eine Welt voll Liebe und Frieden. Nun bin ich ein Gotteskind. Du hast mich mit in das Haus des Herrn genommen. Ich kann wie einst der König David sagen: Ich werde immerdar im Hause des Herrn bleiben. Für das Buch ‚Kleinode göttlicher Verheißungen' möchte ich von Herzen danken. Ich lese es täglich und finde es köstlich. Ich versuche, anderen Gefangenen mit dem Büchlein zu helfen, und gebe Gott, daß dieses auch einmal geschieht..."

Ein Zigeuner schreibt in „Original": „Liebe Schwester Berta. Ich mus Dir mal Schreiben. Den wir alle haben Groser Sensucht nach Dir, Und mechten Dir mall sergerne Wider Sehen. Unsere Kinder fragen immer warum Komt Unsere Schwester Berta nichtmer zuuns. Liebe Schwester Berta Bitte Besuche Uns doch balt wider. Wir mechten Dir doch mal wider Für uns und unsere Kinder Haben. Liebe Schwester Berta Bitte Schreibe uns doch gleich wan Du uns Besuchen Wilst. Wen es für Dich zuumstendik ist dan Schreibe Du es uns nur wir werden dan mit dem Wagen Kommen und Dir Abholen. Am besten were es am einen Sonntag. Bitte Schreibe uns wan wir Kommen Därfen und Dir Abholen. Liebe Schwester Berta Bitte Fergesse uns nicht… Liebe Schwester Berta Schreibe uns gleich damit Wir uns balt Widersehen. Nun Sei Du von Mir U. Familie sowi von uns allen Herzlich Gegrüßt u. auf ein Baltiges Widersehen Dein…"

An Hecken und Zäunen

In einem Wohnwagen begrüßt mich freundlich ein Vater, während drei seiner Kinder Schulaufgaben machen. Bewegt hört er ein Jesuslied und erzählt: „Ich war im Blaukreuzverein. Solche Lieder kenne ich. Nun bin ich Musikclown und Komiker im Kabarett. Ich habe geheiratet, doch meine Frau ist mit den drei kleinsten Kindern weggelaufen, die drei Großen hat sie mir gelassen."

Mit großem Ernst hört er auf die Botschaft. Dann singen die Kinder: „Wenn der Heiland als König erscheint." Künstlerisch umrahmt er die Melodie mit seiner feinen Tenorstimme.

Als sie geendet haben, frage ich: „Was wird aus Ihnen, wenn der Heiland als König erscheint?" – „Dann komme ich nicht mit", antwortet er bekümmert. Wir falten die Hände. Ich gebe ihm noch eine Einladung zur Evangelisation. Wir dürfen die Botschaft *be*zeugen – *über*zeugen kann nur der Heilige Geist.

Während der Mittagspause besuche ich eine Fabrik. In der ersten Halle sitzen viele Arbeiter beim Mittagsbrot und lesen die Zeitung. Dennoch hören sie auf die Botschaft und nehmen Traktate an.

In der zweiten Halle spielen Jugendliche Karten. Da sie nicht mit den Ohren spielen, hören sie zu und bedanken sich für die Literatur. Als ich aber mit ihnen beten will, packt mich ein älterer Arbeiter an beiden Schultern und wirft mich hinaus. Draußen rät mir ein junger Mann: „Gehen Sie lieber nach Hause!" „Das sagt der Teufel auch", entgegne ich, „aber geben Sie mir lieber die Adresse dieses Mannes, ich möchte ihm ein Päckchen schicken."

Der Mantel der Liebe paßt jedem. Die Lieblosen sind immer die Liebebedürftigsten!

In der dritten Halle finde ich vergnügte Jugendliche. Sie empfangen mich mit den Worten: „Sie kommen zu spät; in fünf Minuten müssen wir wieder arbeiten!" – „Nun, dann hört eine Fünfminutenpredigt. In fünf Minuten kann man verlorengehen oder gerettet werden, Böses oder Gutes denken oder tun. Was würdet ihr machen, wenn ihr in fünf Minuten vor Gott stehen müßtet?"

Die Antworten fallen verschieden aus. Einer spottet: „Ich würde beten." Ein anderer: „Ich weiß nicht, was ich tun würde." Sie hören vom Ernst der Ewigkeit. Zuletzt nimmt sogar der Spötter ein Johannesevangelium, und alle gehen nachdenklich an ihre Arbeit.

„Jesus lebt, halleluja!“

Der Leiter der Heilsarmee in Siegen erzählt mir folgendes Erlebnis, das er mit Schwester Berta Isselmann hatte:

Im vollen Bus sehe ich Schwester Berta, wie sie mit einem jungen Mann spricht, der ihr gegenübersitzt. Ich denke: Einen Gruß von mir soll sie wenigstens haben. Ich schreibe einen kurzen Gruß auf einen Zettel. Schwester Berta hat mich noch nicht gesehen. Bevor ich aussteige, übergebe ich der fast Blinden das Briefchen. Nun hat sie mich erkannt und freut sich. Zum jungen Mann gewandt sagt sie: „Diesen Zettel hat mir der Heilsarmeesoldat gegeben. Lesen Sie mir das Geschriebene einmal laut vor!“ Der Mitreisende beginnt schüchtern zu lesen. „Lauter! – Noch lauter! Ich verstehe es schlecht!“ Jetzt beginnt der junge Mann noch einmal seine „Vorlesung“ so laut, daß alle im Bus es hören können: „Jesus lebt, halleluja! Herzliche Grüße von der Heilsarmee!“

Mit Jesus hinter Gefängnismauern

„Er hat mich gesandt, den Elenden zu predigen, die zerbrochenen Herzen zu verbinden, zu verkünden den Gefangenen die Freiheit", Jesaja 61,1.

Unter meinen Lieben vom Wohnwagenplatz befinden sich immer einige, die inhaftiert sind und von mir brieflich betreut werden. Der Anstaltsseelsorger liest die Briefe und spürt die Liebe zu Jesus und zu den Gefangenen heraus. Aus dieser Verbundenheit lädt er mich ein, zu den „Himmelsanwärtern" zu sprechen. Meines Auftrages und der Fürbitte gewiß, danke ich schon im voraus für den vollen Sieg und rufe den Namen Jesu über allen an.

Der Pfarrer führt mich in den großen Gottesdienstsaal, wo ein Konzertflügel steht. Heute ist Jugendabend. Etwa achtzig junge Leute nehmen teil. Gerade werden sie hereingebracht, kräftige junge Männer. Erwartungsvoll schauen sie auf die alte Schwester, die von der Kanzel ihre Arme ausbreitet und sagt: „Ich bin eure Mutter, ihr seid alle meine Jungens!"

Nun wissen sie, wer ich bin. Begeistert lernen sie:

„Wag' es mit Jesus, was deine Not auch sei,
wag' es mit Jesus, er macht dich frei!"

Das Lied gefällt ihnen. „Ein königlich Kind" ist noch besser; sie wollen es doch werden, darum müssen sie es singen können. Laut und froh schallt es zu Jesus empor, dessen Liebe tiefer reicht als die tiefste Tiefe. Gespannt hören sie zu, während die Geschenke Gottes in Jesus vor ihnen ausgebreitet werden. Anschließend melden sich viele zur Aussprache. Der feste Händedruck, das leuchtende Gesicht beim Abschied lassen Ergriffenheit erkennen.

Am anderen Abend erscheinen die Älteren. Einige unter ihnen haben frohe Augen, weil sie schon Jesus gehören, andere sind verlangend, manche nur neugierig, aber alle brauchen Jesus. Der wunderbare Text: „Weil du so wert geachtet bist in meinen Augen, mußt du auch herrlich sein, und ich habe dich lieb!" entspannt sofort die Gesichter. Wir lernen: „Das Blut des Lammes reinigt mich und machet alles neu." Es ist ganz still, der Heilige Geist wirkt. Viele lassen sich zur Aussprache vormerken. Sehr herzlich danken alle beim „Gutenachtsagen".

Im Gefängniskrankenhaus warten schon die Kranken auf mich. Über das Lied: „Der Heiland sorgt für dich!" sind sie sehr erfreut. Aufmerksam lauschen sie den Worten Jesu, der zerbrochene Herzen verbindet. Nachdem wir die Hände gefaltet haben, schimmert manches Auge feucht. Sie verabschieden sich mit stummem Händedruck, der lauter redet als Worte. Besonders bedankt sich ein Schwerkranker. Er nimmt mir das Wort vom Munde ab, das er als früherer Gestapo-Mann so lange entbehrte.

Im Zellengebäude steht mir das Amtszimmer des Pfarrers für Aussprachen zur Verfügung. Das Schild „Seelsorge, nicht stören" außen an der Tür sorgt für Stille. Für jeden Besucher liegt ein Büchlein bereit, das Bibelstellen über die Vergebung enthält. Es ist acht Uhr morgens, als es klopft. Der erste erscheint, sitzt mir gegenüber: „Schwester Berta, ich möchte auch den

Anschluß an Jesus haben. Ich hatte schon einmal einen Anlauf genommen, aber Sie sehen ja, ich bin hier gelandet." Bekümmert wartet er. Ich erzähle ihm von meinem halben Anfang mit Jesus in meiner Jugend, der wieder im Sande verlief. Jesus will nichts *von* uns, sondern *uns*; das *ganze* Herz, Leib, Seele und Geist. Das leuchtet ihm ein. Wir gehen auf die Knie, und er vollzieht eine völlige Übergabe. Strahlend dankt er mit mir dem Herrn.

Etwas zaghaft fragt mich der „Lebenslängliche": „Nimmt der Herr Jesus auch Mörder an?" Ich sage: „Natürlich, Mose war ein Mörder, David ein Raubmörder, Paulus ein Mörder. Nachdem David vergeben war, sagt Gott: ‚Mein Knecht David, der immer nur tat, was mir wohlgefiel.' So vollkommen vergibt der Herr! Und zum Mörder Saulus sagt Jesus: ‚Du bist mir ein auserwähltes Rüstzeug, dich kann ich gebrauchen.'"

Ich notiere ihm die Stellen aus Mose, dem Buch Samuel und der Apostelgeschichte. – Er wagt den Schritt und ist heute ein glückliches Gotteskind in einer verantwortlichen Stellung im Gefängnis. Jeder weiß: Auf den kann man sich verlassen, der ist anders als die anderen.

Ein anderer „Lebenslänglicher", der Jesus bereits nachfolgt, kommt, um gemeinsam mit mir zu beten. Jesus leuchtet ihm aus den Augen, obwohl er schon fünfzehn Jahre „sitzt". Auch ihm ist Verantwortung übertragen worden.

Ein vom Laster Gezeichneter: „Ich bin der Verseuchteste im ganzen Haus, ich habe alle Laster, die es gibt." Düster schaut er vor sich hin. Das Gehörte ist ihm so neu, so fremd. Er beginnt, Gottes Wort zu lesen, sieht ein Licht, geht darauf zu, die Wärme und Helle ziehen ihn an; er beginnt zaghaft zu glauben. Gott wird bei ihm den völligen „Durchbruch“ bewirken!

Der nächste zeigt mir seine Hand: „Nach vierzehn Straftaten schoß ich mir selbst in die Hand – aus Versehen.“ Er zeigt die Narben: „An dieser Hand hat mich der Herr herausgezogen aus dem Schlamm der Sünde. Ich bin frei und habe Mauern nur noch außen um mich herum. Nur daß ich meine Familie ins Unglück stürzte, tut mir so leid.“ Zusammen danken wir dafür, daß Jesus nicht nur für unsere Gedanken- und Tatsünden, sondern auch für unsere Versäumnisse gestorben ist. Getröstet geht er.

Ein Jungengesicht schaut mich tränenvoll an: „Ich habe gestern abend an meine Mutter denken müssen, als Sie so mütterlich sprachen. Ich habe ihr das Leben schwergemacht, könnte ich es nur wiedergutmachen. Aber wie?“ Wie Balsam fallen Jesu Worte in sein bekümmertes Herz, obwohl diesem jungen Mann aus der DDR Jesus noch fremd ist, aber dennoch begehrenswert. Ich notiere mir die Anschrift seiner Mutter, um ihr von der Reue ihres Sohnes berichten zu können. Wir falten die Hände. Er will sich fortan intensiv mit Gottes Wort beschäftigen!

Und dieser Mann hatte sich beide Pulsadern aufgeschnitten. Inzwischen hat er Jesus gefunden, leidet aber sehr unter Anfechtungen. Er notiert sich eine Anzahl von Bibelstellen und bedankt sich für Spurgeons „Kleinode göttlicher Verheißungen“. Getröstet schaut er mich an.

Ein erst Achtzehnjähriger sagt: „Ich habe noch nie einen anständigen Menschen gesehen. Ich bin Nachtkellner, meine Geliebte ist Nackttänzerin. Was Sie gestern abend sagten, ist mir völlig neu und so unwahrscheinlich. Können Sie mir das geben, was Sie haben?"

Ich weise ihn hin auf den Anfänger und Vollender des Glaubens, der Verirrtes sucht, bis er es findet. Wir falten die Hände. Ergriffen dankt er fürs Beten und will Gottes Wort lesen.

Da kommt ein Junge mit Notizblock und Kugelschreiber. Er hatte sich am Abend die von mir angegebenen Bibelstellen notiert und wünscht jetzt eine nähere Erklärung. Seinen Konfirmationsspruch kennt er noch und möchte gern einen Brief von mir darüber haben. Wir lesen im Wort und beten zusammen.

Der nächste ist ein Sohn gläubiger Eltern, hat gläubige Geschwister und selbst den Schritt zu Jesus in der Kindheit getan. Doch er ist abgeglitten, verirrt und voll Sehnsucht nach *völliger* Erlösung. Aber er bleibt im Suchen stecken, weil ihm die Aufrichtigkeit fehlt. Statt an Jesus, klammert er sich an meine Worte und an Menschen. Mein Bemühen ist mangelhaft, aber Jesus hat Kraft.

Der Seelsorger der Anstalt läßt mich am Bibelkurs der bekehrten Gefangenen teilnehmen. Jeder macht eine schriftliche Bibelarbeit. Ein lebendiger Gebetskreis betet auch für unsere Mission, für mich und die Zigeuner. Ja, Jesus hat sein Volk mitten im Gefängnis! Wir wollen für die Gläubigen beten, daß sie Leuchttürme sind, an denen sich Ertrinkende orientieren können. Besonders sollten wir für die „Lebenslänglichen“ beten, die gläubig geworden sind. Und bitte, nehmt Strafentlassene mit offenen Armen und offenen Herzen auf. Wir gingen doch auch alle in die Irre und saßen von Natur aus auch im falschen Zug. Wir sind auch nur einer der beiden Schächer, begnadigt oder unbegnadigt. Alle Begnadigten sind gerufen, den Elenden zu predigen, die zerbrochenen Herzen zu verbinden und den Gefangenen die Freiheit zu verkündigen.

„Wir können es ja nicht lassen...“

Ich bin auf dem Weg zum Augenarzt. Der Bus wartet abfahrbereit, aber der Fahrer ist sehr ungehalten, weil ich von Jesus rede. Er hört nicht zu und weigert sich, ein Traktat anzunehmen. Still bete ich für ihn. Eine Frau läßt sich neben mir nieder. Sie ist ganz Ohr und nimmt gern ein Traktat. Das ärgert den Busfahrer derart, daß er mich an der nächsten Haltestelle hinauswirft. „Jesus ist Sieger!“ rufe ich laut in den Bus zurück.

Nun stehe ich draußen. Ich gehe ins nächste Haus und frage die Hausfrau: „Sind Sie bekehrt?“ „Nein“, bekennt sie ehrlich. „Dann holen Sie Ihre Bibel“, sage ich zu ihr. Wir betrachten Gottes Wort, das sie interessiert aufnimmt. Dann falten wir die Hände und beten noch zusammen.

Draußen fegt ein Mann die Straße. Auf meine Frage nach seinem Ergehen schimpft er auf die Kirche und die Christen. Doch dann hört er ruhig zu, daß wir in jedem Menschen Jesus sehen wollen, auch wenn uns das nicht immer gelingt. Wir sind noch in Gottes Erziehung, in seiner „Mache“. Gott hat versprochen: „Ich will solche Leute aus euch machen, die nach meinen Geboten leben.“ Schließlich erklärt mir der Mann: „Ich will wieder unter Gottes Wort gehen!“ –

Da kommt gerade der nächste Bus. In ihm verteile ich wieder Traktate und spreche von Jesus, ohne vom Busfahrer hinausgeworfen zu werden.

Das Echo auf meinen Dienst liegt immer zwischen Rausschmiß und Freude. Wir sind ja als Christen „rausschmeißbar“, darum macht es mir nichts mehr aus.

Heute besuche ich eine halboffene Strafanstalt. Tagsüber sind dort die Zellen nicht verschlossen. Die Insassen werden vom Arbeitgeber abgeholt und wieder gebracht. Morgens erkundige ich mich, ob jemand aus irgendeinem Grund zu Hause blieb. Auf die Tische im Eßsaal lege ich Farbfotos aus schönen Schweizer Kalendern, welche die unschönen Bilder an den Zellenwänden verdecken sollen. Den Beamten bitte ich, eine Bibelstunde für den Abend anzukündigen. Aber ich finde am Abend wenig Interesse. Ein Fußball-Länderspiel und die bevorstehende Entlassung nehmen ihre Gedanken ganz in Anspruch. Gustav folgt mir als einziger in den Gottesdienstraum. Aufmerksam hört er von Jesu Worten am Kreuz. Obwohl er von den anderen als „Trottel" bezeichnet wird, nimmt er die Botschaft mit Freuden auf. Ich setze mich zu ihm und frage: „Möchtest du ein Eigentum Jesu werden?" „Ja, das möchte ich", antwortet er ernsthaft.

Wir haben Zeit zur Aussprache, und Gottes Geist wirkt an ihm. Gustav lädt alles ab und übergibt sein Leben Christus. Auf seinem Gesicht ist die Veränderung abzulesen. Zuletzt betet er: „Ich danke dir, lieber Herr Jesus, daß du mich angenommen hast. Und wenn die andern nun mit Fingern auf mich zeigen und mich auslachen, hilf mir, daß es mir nichts ausmacht."

Der Teufel hielt die andern von der Bibelstunde ab; aber Jesus rettete Gustav. Wie großartig! Gustav schrieb mir später: „Seit dieser Bibelstunde bin ich ein neuer Mensch und sehr glücklich."

Eine Frau im Altenheim wartet schon lange auf meinen Besuch; doch als ich komme, ist sie ungehalten und schimpft auf ihre Mitbewohner. Ihre Augen glühen vor Haß, sie hört mir nicht zu. Ich bete noch für sie. Dann bittet sie eine Frau, mich an meinen Dienstort zu bringen, wo ich viel zu früh ankomme.

Auf einer Parkbank nehme ich neben einem jungen Mann Platz. Bald hat er von mir ein Traktat. „Glauben Sie an Gott?" fragt er. „Natürlich glaube ich an Gott, und an Jesus Christus; darum habe ich Ihnen das Zeugnis eines jungen Mannes gegeben, der zu Jesus fand."

Mir ist sofort klar, daß ich seinetwegen zu früh sein

mußte. Sein plötzliches Interesse ist erstaunlich. Es verschwindet auch nicht, als seine Braut erscheint, um ihn abzuholen. „Warte, höre mit zu", bittet er sie, die nun auch das Evangelium vernimmt.

Im christlichen Jugendkeller tummeln sich viele junge Leute, auch einige von der Straße, darunter Peter, der sich zu uns „verirrte". Er wollte eigentlich zum Tanzen, hörte fröhliche Jugend und dachte: Hier ist was los. Nach der Verkündigung der Botschaft sitzt er neben mir bei Kaffee und Keks. Er begreift noch nicht, worum es geht. Beruf und Vergnügen sind seine Welt. Trotz anfänglichen Widerstrebens gibt er mir seine Anschrift – dann geht er zum Tanz.

Wir beten, daß die „Vögel unter dem Himmel" (Matth. 13,4) den ausgestreuten Samen nicht aufpikken und daß auch die kurze Jesusbotschaft Wirkungen für die Ewigkeit hat.

„Kein Ungemach kann mich erschüttern,
weil ich auf meinem Felsen steh;
mag um mich auch die Welt erzittern,
mein Herze schauet in die Höh'
in meines Vaters Herrlichkeit,
die längst schon liegt für mich bereit.

Inmitten wilder Feinde Toben
erklinget frei mein Jubellied:
Herausgeliebt, herausgehoben
durch Seines Geistes Dynamit.
So singt mein Herze Tag und Nacht
von Sonnensieg und Himmelspracht."

Eis-Revue

Ein großes Plakat: „Eis-Revue". „Da muß ich hin", sage ich mir, weiß aber selber nicht, wie ich es machen soll. – Bei Eis-Revuen sind meist Deutsche und Österreicher anzutreffen, also nehme ich deutsche Literatur mit.

In Siegen angekommen, stehe ich vor der großen Siegerlandhalle, in der die Veranstaltung stattfindet. „Was soll ich machen, Vater?" bete ich. Die kommen ja nicht mit Wohnwagen, sondern mit Autos und wohnen in Hotels. Das ist auch bei denen nicht wie im Zirkus, wo einmal die Löwen dran sind, dann die Bären, danach die Affen. Die Gruppe ist ununterbrochen in Tätigkeit.

Etwas unschlüssig gehe ich um die Siegerlandhalle herum. Die hintere Tür führt in die Garderoben. Ich weiß, hier kann ich nicht sitzenbleiben. Doch hier müssen sie durch. Dann werden sie wenigstens ein Traktat in die Hand bekommen. So sitze ich still betend da.

Jetzt kommen sie angestürmt. Das ist mir wie Musik. Jeder erhält ein Traktat. Dann verlasse ich die Garderobe und sehe mich um. Vor mir ist ein langer Gang und am Ende ein großes Brett, eine Art Sitzgelegenheit, wo sie auf ihren Auftritt warten. Ich setze mich auf das Brett und warte. Nun haben sie sich fertiggemacht und kommen an die Bank.

Keiner fragt mich: „Was wollen Sie denn hier? Sie sind uns im Weg!" Ich darf sitzenbleiben.

Dann üben sie noch einmal ihre Sprünge, begucken sich gegenseitig, ob sie „ordentlich“ aussehen. Gott hält mein Herz fest, daß ich nicht schimpfe auf das, was sie anhaben oder *nicht* anhaben. Wenn ich schimpfe, ist das ja kein Evangelium. Über Finsternis schimpfen nützt niemand; es muß Licht hinein! Das ist viel wirksamer. So habe ich alle Augen zugemacht und nur ihr Herz gesehen, sonst nichts. Immer wenn sie kommen, sind sie im Nu auch schon an mir vorbei. Dann stürzen sie erschöpft in die Garderobe, um neue Kostüme für den nächsten Auftritt anzuziehen.

So geht das drei Stunden lang. Längst habe ich alle ihre Namen heraus, und wie ich heiße, wissen sie auch. Jetzt kommt gerade Blanka. „Schwester Berta, wie kann ich Jesus mein Herz schenken?“ fragt sie mich. Ich bringe ihr die Botschaft von Jesus nahe und gebe ihr ein Neues Testament. Es schellt: Weg ist die Blanka!

Nach einer Weile kommt eine junge Frau. Weil sie alle geschminkt sind, weiß man nicht, wie sie in Wirklichkeit aussehen. Lilly fragt: „Schwester Berta, ist das Sünde, wenn man Schönes gern hat?“

„Nein!“ antworte ich. „Wie schön muß Gott sein, der eine so schöne Welt geschaffen hat! Sogar die gefallene Schöpfung ist noch schön. Die Berge, das Meer, die Kunst sind schön und vieles andere mehr! Ja wirklich, vieles ist schön! Früher hat mich aber das Schöne gefangen genommen. Seit ich allerdings Jesus Christus gehöre, steht Jesus zwischen dem Schönen und mir; auch zwischen den Menschen und mir; Jesus steht einfach zwischen allem und mir. Wir singen oft das

Lied: ‚Schönster Herr Jesus'. Wenn wir einmal in Gottes Reich Jesus Christus sehen werden, wird das unaussprechlich schön sein! Dann wird das Wort ‚schön' erst wirklich passen!"

Sie beginnt, ihr Herz auszuschütten: „Ich möchte so gern gut sein und alles recht machen. Ich probiere es immer, aber es gelingt mir nicht. Ich bemühe mich, freundlich zu sein, aber auch das bringe ich nicht fertig. Glücklich verheiratet bin ich, trotzdem muß ich täglich weinen. Warum ich so oft weine, weiß ich selber nicht. Ich möchte anders sein als ich bin!"

Sie berichtet noch manches andere. Mich überfällt die Ahnung: Jetzt kann es jeden Augenblick schellen. Darum sage ich zu ihr: „Geben Sie mir doch bitte die Stadt an, wohin Sie von hier aus reisen." Sie nennt mir eine Stadt in Frankreich und auch ihren Namen. Dann schellt es tatsächlich: Weg ist sie!

Jedem, der einen Moment in meiner Nähe steht, sage ich etwas von Jesus. Es gibt wohl keinen in der Gruppe, der den Weg zum Heil in Jesus nicht kennt. Ich denke: Wenn die drei Stunden herum sind, umringen sie mich und haben viele, viele Fragen. Aber nichts von alledem! Nach der Vorstellung sind sie alle derart erschöpft, daß sie einfach nicht mehr können. Sie fallen in ihre Autos und fahren ab. Da stehe ich nun ganz allein und spreche mit Gott: „Vater, jetzt sind sie alle weg!"

Ich schrieb der Lilly, weil ich von ihr die Anschrift bekommen hatte, und erhielt eine Karte von ihr: „Endlich habe ich einen Menschen, der für mich betet; darüber bin ich glücklich." Später schrieb sie mir noch einen langen Brief. Sie jammerte neun Seiten lang, obwohl sie mir doch in Siegen gesagt hatte, daß sie glücklich verheiratet ist. Da merkt man wieder: Selbst der liebste Mann und die nettesten Kinder können Jesus nicht ersetzen! Ich schickte ihr dann noch ein Neues Testament, aber seitdem habe ich nichts mehr von ihr gehört. Vielleicht hat sie nur meine Adresse verloren. Wie dem auch sei: Mein himmlischer Vater kennt die Anschrift der Lilly.

Auf dem Rummelplatz

Noch ruhen in strahlender Morgensonne die bunten Wagen und die noch „bunteren" Geschäfte der Schausteller und Artisten auf der Festwiese.

Sinnend schaue ich hinüber und falte die Hände. Ich danke für den vollen Sieg, den ich auch über diese von Jesus geliebten und gesuchten Menschen ausrufen darf. Im Näherkommen leuchten einige Beschriftungen auf:

„Grüne Hölle"
„Tod als Talisman"
„Rollendes Glück"
„Raketenfahrt zum Mond"
„Alaska-Expreß"
„Teufelsrad und Amorbahn".

Ein junger Mann kommt auf mich zu: „Sie sind auch hier? Wir kennen uns doch schon seit sechs Jahren! Singen Sie heute auch wieder?“ Er wünscht sich Neukirchener Kalender; sechs Stück darf er in verschiedene Arbeiterwagen hängen. Auch andere Literatur und Blaukreuzkalender nimmt er voller Dank an.

Mein Lied: „Sag, kennst du wohl den wunderbaren Namen?“ ist weithin zu hören. Ein Schwerhöriger kommt ganz nahe zu mir heran, und ich singe ihm das Lied direkt ins Ohr. „Bitte gehen Sie doch in alle Wagen!“ wünscht er und bedankt sich freundlich.

Im kleinen Wohnanhänger gibt es eine freundliche Begrüßung: „Wir kennen uns von Siegen, singen Sie wieder?“ Die Motorradartistin fragt ängstlich: „Was ist nach dem Tode?“ Aufmerksam hört sie auf meine Worte. Ihr Sohn ist besonders aufgeschlossen und setzt sich mit seiner Schwester zu mir. Wir lesen aus Offenbarung 20 und von Jesu Kreuz und Auferstehung. Bewegt dankt Peter für ein Johannesevangelium, und Erika freut sich sehr über das Büchlein „Doch in unsere Herzen sieht man nicht“. Wir falten miteinander die Hände. Ihre Todesfahrten bringen sie oft auf ernste Gedanken.

An der Raketenbahn stehen einige Arbeiter herum. „Mir brummt abends der Schädel von dem Getöse; es ist schrecklich hier“, stöhnt ein junger Arbeiter, der gern eine andere Beschäftigung haben möchte. Und wie er zuhört!

Zwei kleine Mädchen möchten gern ein gutes Buch lesen. „Meine Mutti ist bei der Oma, die kann wahrsagen, die weiß unsere Adresse.“ Der schwarze Wagen ist schnell gefunden. Seine Beschriftung verrät schon die dunklen Geschäfte. Während ich das Treppchen hinaufgehe, danke ich Jesus für den Schutz, den er mir gibt. Die Zauberin gibt mir ihre Heimatanschrift, als sie hört, daß ich den Kleinen eine Freude machen möchte. Dann rede ich ihr ins Gewissen wegen ihrer Tätigkeit, woraufhin sie ihre Adresse aus dem Notizbuch reißen will. Als ich den Namen Jesus ausspreche, wirft sie mich kreischend hinaus. Das Buch von Pastor Modersohn „Im Banne des Teufels“ bekommt sie auf jeden Fall!

Draußen erwartet mich ein Mann mit teuflischen Augen. Fluchend und schimpfend möchte er mich vom Platz jagen; aber ich singe von Jesu Sieg und der reinigenden Kraft seines Blutes. Die Umstehenden warne ich, sich von der Zauberin beraten zu lassen, damit sie nicht unter den Bann Satans kommen. „Jesus starb für dich“ läßt manche aufhorchen. Ein Mann fragt, wann Gottesdienst sei: „Man muß das ja auch manchmal haben.“

Die Anstreicher rufen vom Wagendach herunter: „Haben Sie noch etwas zum Lesen für uns? Singen Sie doch noch ein Lied!“

„Dein Wort ist himmlisch reich beladen
mit Deines Heil'gen Geistes Dynamit.
Es sprengt und schneidet,
scheidet, zeigt den Schaden,
enthüllt den Heiland, der für alle litt.

Ich rühme deines Wortes Wahrheit,
das kräftig sich an mir erweist.
In göttlich großer Macht und Klarheit
mich täglich stärkt und trägt und speist.

Dein Wort muß durch die Lande eilen,
daß es in Berg und Tal erschallt!
Auf, auf! Es gilt hier kein Verweilen!
Auf, auf! Ans Werk! Der Herr kommt bald!"

Jesu Liebesstrom fließt rascher als das schnellste Auto

Auf der Straße bieten sich viele Möglichkeiten, Menschen zu „nötigen, hereinzukommen". Ich lade ein, wen ich finde.

Da hält ein Postauto. Der Fahrer nimmt lächelnd die „Himmelspost" an. – Viele Busfahrer strecken mir schon von weitem die Hände entgegen, um Traktate zu bekommen. „So ist's recht!" nicken sie. – Die Männer von der Müllabfuhr danken staunend für den „Säemann", der heute den Titel trägt: „Mülltonnen – eine feine Einrichtung". Ein Zeitungsverkäufer legt an seinem Kiosk einen Packen Zeitungen auf. Brummend schaut er zu, wie in jeder Zeitung ein Traktat verschwindet. – Auf der Parkbank sitzt ein Spaziergänger mit einem prächtigen Hund. Stolz lobt ihn der Besitzer: „Der hört nur auf die Stimme seines Herrn." „Tun Sie das auch?" frage ich ihn. Diese Frage stimmt ihn nachdenklich.

Ich kann am Elektrizitätswerk nicht vorbeiradeln. Beim Eintreten begrüßt mich der Beamte freundlich: „Heute habe ich leider keine Zeit; aber ich will sehen, ob einige Arbeiter abkömmlich sind." Die zwei jungen Männer wundern sich, warum sie zu mir gerufen werden. Doch wir sind schnell bei der Sache. „Ich weiß das auch, aber ich schiebe immer auf", bemerkt der Ältere. Auch der Jüngere denkt über die Botschaft nach. So falten wir schließlich die Hände. Dankend verabschieden sie sich.

Im nahen Gasthof sitzen viele beisammen. „Möchtest du Freud?" singe ich. Das Lied gefällt allen gut. „Wer doch so glauben könnte!" seufzt einer an der Theke.

Einige Lastzüge stehen startbereit. Rasch laufe ich hin und versorge die Fahrer mit „Reisebrot". Dann bete ich mit ihnen, wofür sie besonders dankbar sind, weil sie die vielen Gefahren ihres Berufes kennen. – Mit den Straßenkehrern führe ich ein kurzes Gespräch über das Sauberkehren der Herzen.

Ein Autofahrer parkt zur Mittagsrast im Grünen. Entsetzt wehrt er ab, als er meine „Rettungen" sieht und dreht sein Radio beim Nähertreten lautstark auf; doch meine Worte bleiben nicht ungehört, auch wenn er innerlich vor Wut kocht.

Das Lied „Dir fehlt wohl noch der Friede" stimmt ihn auch nicht milder. Als ich aber gar nicht gehe, streckt er die Waffen. Das Radio wird abgeschaltet, und er öffnet sein Fenster. „Wissen Sie, ich weiß, daß ich mich bekehren muß; aber mein Auto steht im Wege, ich bin Fernfahrer – und…" bricht er traurig ab. Es ergibt sich ein ernstes Gespräch von einer halben Stunde. Der junge Mann ist ganz aufgewühlt, Licht und Finsternis kämpfen in ihm. Es fehlt zwar der letzte Schritt, aber wir falten die Hände. Wortlos drückt er meine Hand. Dann saust er davon – Jesus wird ihn einholen!

Jesu Liebesstrom fließt rascher als das schnellste Fahrzeug. Jesu triumphierendes „Vollbracht" übertönt alle irdischen Lautstärken. Er macht seinen Sieg offenbar auf Landstraßen, an Hecken und Zäunen.

Begegnung mit einem Staubsauger-Vertreter

Abends nach 22 Uhr komme ich von einer Dienstreise zurück. Als ich vor dem Bahnhof in Kreuztal stehe, denke ich: „Wenn doch jemand kommen und mich die vier Kilometer nach Hause fahren würde!" Plötzlich sehe ich einen Mann, der gerade in sein Auto steigen will.

„Können Sie mich bis Kredenbach mitnehmen?"

„Nein, ich fahre nach Müsen."

„Das ist großartig; dann fahren Sie an meiner Wohnung vorbei!"

„Bitte, steigen Sie ein."

Wir sind noch nicht weit gefahren, als ich ihm etwas von Jesus erzähle.

„Ich bin das schwarze Schaf in unserer Familie", äußert er sich. „Alle meine Brüder sind Priester. Aber ich will davon nichts hören."

Doch ich lasse mich nicht beirren. Schließlich hat er mich mitgenommen und kann mich nicht unterwegs wieder ausladen.

Während unserer Unterhaltung kommt mir der Gedanke: „Könnte ich den Mann doch in meine Wohnung mitnehmen!" Als wir angekommen sind, bete ich mit ihm. – Das tue ich auch mit jedem Taxifahrer, ehe ich aussteige. Erst danach frage ich nach dem Fahrpreis.

„Kommen Sie doch mit mir hinein ins Haus!" lade ich ihn ein.

„Das geht nicht", sagt er, „ich bin Vertreter von Staubsaugern aus Münster. Ich muß unbedingt meine Frau anrufen."

„Das können Sie bei mir machen, ich habe Telefon."

Aber er wehrt sich: „Ich habe auch Durst und muß unbedingt in eine Gaststätte."

„Ich habe Apfelsaft, so können Sie in meiner Wohnung etwas trinken und telefonieren."

Ihm fällt schließlich keine Ausrede mehr ein, und er geht mit mir ins Haus. Meiner Hauswirtin rufe ich zu: „Hilde, ich habe einen Mann mitgebracht, gib mir schnell etwas Apfelsaft!" Er bekommt auch noch Plätzchen dazu! Plötzlich sagt der Vertreter: „Man weiß ja gar nicht, wo man bei Ihnen im Zimmer hinschauen soll; überall an den Wänden sind Sprüche und Bilder."

Seine Augen waren auf das Wort „Überwunden" gefallen. Aber damit kann er nichts anfangen. So erkläre ich ihm und trenne: „Über-wunden. Das heißt: Über meinen Wunden stehen Jesu Wunden; darum kann mich grundsätzlich nichts mehr verwunden." Und dann kann man lesen: „Ja, Vater, danke!" Dies Wort ist für mich, damit ich immer wieder für meine schlimmen Augen danke. Gottes Segen ist immer viel größer als alle Not, wenn ich nur mit dem Herrn Jesus in inniger Verbindung stehe. Ich habe viel Segen durch meine kranken Augen. Wenn ich im Zug jemand bitte: „Lesen Sie mir doch aus meiner Bibel etwas vor oder eine Andacht aus dem Andachtsbuch; ich kann es selbst nicht mehr lesen", dann hören gleich alle Mitreisenden mit.

Der Blick des Mannes rettet sich endlich zu den schönen Schweizer Bildern über meiner Liege. „Da kann ich hinschauen!" räuspert er sich. „Wenn Sie Vertreter für Staubsauger wären, Sie würden jeden Tag drei Staubsauger verkaufen, wenn man in Ihre Augen schaut."

Es ist ihm etwas ungemütlich; er sagt mir auch nicht seinen Namen. Ich gebe ihm etwas zu lesen, auch etwas für seine Frau und seine Kinder. Er verabschiedet sich mit den Worten: „Wenn ich wieder Durst auf Apfelsaft habe, komme ich nochmals zu Ihnen."

Diesen Besuch vergißt der Mann im Leben nicht! Ich

bin fest davon überzeugt: Das Gespräch hat auch seiner Frau gedient und seinen Kindern.

In der „Whisky-Stube“

Mit zehn englischen Neuen Testamenten bewaffnet, fahre ich nach Frankfurt am Main. Schon im Bus hört man Englisch sprechen. Während ich die Testamente verteile, werde ich gefragt: „Haben Sie die Testamente im Bus gefunden?“ „Nein“, entgegne ich, „die habe ich euch mitgebracht!“ Ich freue mich, daß die neuen Besitzer der Testamente sogleich anfangen, darin zu lesen.

Als ich den Bus wieder verlasse, sehe ich einen jungen Mann, der nicht wie ein Frankfurter aussieht. „Darf ich Ihnen ein englisches Testament geben?“ frage ich. „Ja, danke sehr“, antwortet er, „ich bin Australier“. Hocherfreut steckt er das Testament in seine Tasche.

Zuletzt habe ich nur noch ein Testament. Als ich durch eine belebte Straße gehe, sehe ich ein Schild: „Whisky-Stube“.

Beim Eintreten rufe ich so laut ich kann: „Wer von Ihnen möchte ein englisches Neues Testament?“

„Darf ich das haben?“ ruft der Wirt zurück. Ein Mann an der Theke fragt mich: „Was kommt denn dabei heraus, wenn man das hat?“ Meine Antwort: „Freude, Friede mit dem heiligen Gott, Geborgenheit, Ruhe, ungefärbte Liebe und echte Freude, die standhält, auch wenn man blind ist oder Krebs hat!“

So breite ich die herrlichen Geschenke meines himmlischen Vaters vor allen in der Whisky-Stube aus und singe:

„Möchtest du Freud', echte Freud',
wahrhafte Freud'?
Laß Jesu hinein in dein Herz!
Die Sünd' nimmt er dir weg,
schafft Licht auf dunklem Steg,
dein Herz und Leben wandelt er um,
daß er darinnen wohn'.
Möchtest du Freud', echte Freud',
wahrhafte Freud'?
Laß Jesus hinein in dein Herz!“

Ein Russe kommt auf mich zu: „Haben Sie auch etwas für mich?“ „Zu Hause ja“, ist meine Antwort. Darauf stempelt der Wirt seine Adresse in mein Notizbuch. Ich verspreche ihm, ein ganzes Paket russischer Testamente zu schicken. Wenn dann in Zukunft Russen Wodka oder Whisky trinken wollen, bekommt jeder vom Wirt das Wort Gottes in seiner Muttersprache.

Der Wirt zeigt sich erkenntlich: „Ich möchte Ihnen auch eine Freude machen.“

„Wenn Sie etwas Alkoholfreies haben…“

Er serviert mir Apfelsaft. Ich verteile betend christliche Literatur, die dankbar angenommen wird. Der Heilige Geist wird auch in der Whisky-Stube weiter wirken!

Ein Pullover vom Himmel

Es war kurz nach dem Zweiten Weltkrieg, als man nichts kaufen konnte. Ich will einige der vielen Kranken besuchen und komme zu einem schwerkranken Mann.

Er ist hungrig nach Liebe, nach innerer und äußerer Wärme. Beim Abschied gebe ich ihm das Versprechen: „Heute in acht Tagen bringe ich Ihnen einen warmen Pullover!"

Der Mann freut sich unbändig bei diesen Worten.

Auf dem Rückweg treffe ich „meine" Bäckersfrau.

„Wo waren Sie denn?" fragt sie mich.

„Kranke besuchen; und heute in acht Tagen bringe ich einem armen, alten Mann einen warmen Pullover."

„Sie haben aber doch keinen Pullover!" ruft sie aus.

„Nein, aber mein Vater im Himmel hat den Pullover bestimmt."

Darauf die Geschäftsfrau: „Aber der läßt doch keine Pullover vom Himmel regnen! Dazu gehört schon viel Glauben!"

„Nein", erwidere ich, „ein großer Gott gehört dazu, dem alle Pullover gehören!"

„Jetzt will ich aber wissen, wo Sie den Pullover herbekommen! Wenn Sie Ihr Brot bei mir holen, dann frage ich Sie aber. Das will ich wirklich wissen!" lacht sie laut.

Unterwegs bete ich: „Vater, die Frau lacht *dich* aus. Sie kennt dich nicht; aber du wirst mir den Pullover schon schenken, das weiß ich ganz genau. Der Mann friert, er hat eine Staublunge. Er braucht dringend den warmen Pullover. Ich danke dir, Vater im Himmel, schon jetzt dafür."

Wir dürfen dankend vorwegnehmen, wie Jesus es bei der Brotvermehrung tat (Matth. 14,19). Er dankte im voraus für das Viele, was aus den fünf Broten und den zwei Fischen wurde. Und ich danke für den Pullover. Ich bin ganz ruhig und weiß: Der Pullover kommt.

Nach zwei Tagen gehe ich zum Bäckerladen und kaufe Brot. Natürlich fragt mich die Bäckersfrau: „Nun, haben Sie den Pullover schon?"

„Bis Donnerstag habe ich den Pullover ganz bestimmt."

Darauf greift sie unter den Ladentisch und holt einen warmen, dicken neuen Bleyle-Pullover hervor. Ich nehme das Prachtstück in Empfang und rufe aus: „Vater, ein ganz neuer Pullover, und so schnell!"

Dann erzählt mir die Bäckersfrau folgendes: „Als ich Sie vor einigen Tagen im Zug traf, dachte ich: Die Berta Isselmann ist so verrückt und glaubt, Gott läßt Pullover vom Himmel regnen. Das muß ich meiner Schwester erzählen. Ich ging gar nicht erst nach Hause, sondern sofort zu meiner Schwester und erzählte ihr die Geschichte. Meine Schwester sagte: Ich habe meinem Sohn einen neuen Pullover besorgt; aber er ist ihm viel zu dick. Und wenn in den nächsten Tagen die Berta Brot bei dir holt, dann gibst du ihn der Berta für den alten, kranken Mann."

Mir war klar: Der Pullover *durfte* dem jungen Mann

nicht angenehm und passend sein; denn Gott hatte ihn schon längst für den Kranken bestimmt.

Ich wartete natürlich nicht erst bis Donnerstag, sondern rannte sofort zum Missionshaus der Süd-Ost-Europa-Mission und erzählte von der wunderbaren Gebetserhörung. Danach brachte ich den Pullover dem armen, kranken Mann, der ihn strahlend anzog: einen Pullover vom Himmel.

Für Jesus unterwegs – bei den Schaustellern auf den Rummelplätzen

Heute ist zwischen den Kirmeswagen eine Ruhepause. Die Geschäfte liegen still in der Morgensonne, während die Schausteller mit Hausarbeit beschäftigt sind. So treffe ich sie alle an.

Felix kommt auf mich zu: „Singen Sie uns wieder was! Kommen Sie hierher!" „Dir fehlt wohl noch der Friede?" lockt auch die Fahrer des nahen Bierautos an die offene Wagentür. Ihre friedlosen Herzen hören die Einladung zum Freudenquell. Als ich frage: „Wer betet von euch?" kommen verschiedene Antworten. „Ich abends" – „Ich kann nicht mehr beten" – „Ich bete nicht". Wir falten die Hände. Das Amen klingt am lautesten aus dem Munde dessen, der nicht mehr betete.

Alle nehmen Blätter an, die Bierfahrer auch „Rettung".

Eine Gruppe Arbeiter fragt: „Bringen Sie Rechnungen?" Antwort: „Ja, so hohe, daß ihr sie gar nicht bezahlen könnt." Erstaunt hören sie von der bezahlten Rechnung von Golgatha und wie Gott sie quittiert hat durch die Auferstehung Jesu am Ostertag.

Eine sonst überbeschäftigte Frau hat endlich Zeit. Sie hört zu, weist die spottende Hausgehilfin zur Ruhe, schenkt mir Schokolade. Wir beten. Ganz anders als sonst dankt sie für die Blätter.

Im schönen Wohnanhänger finde ich eine junge Frau, die bis zu ihrer Heirat in einen christlichen Jugendkreis ging, sich aber nicht entschieden hat. Durch Wort und Lied wird ihre Sehnsucht nach Jesus stärker. Wir falten die Hände. Still weint sie, denn ihr Mann und ihr Geschäft hemmen sie jetzt auf dem Weg zu Jesus.

Auf einem anderen Platz überrascht mich der Trubel schon am frühen Morgen. Alle sind bei ihren lauten Geschäften. Die Traktate verschwinden in Briefkästen, offenen Fenstern und Türritzen. Nur Blättermission, denke ich. Doch hinten wäscht sich ein junger Mann vor einem Arbeitswagen. Ich biete ihm ein Johannesevangelium an. Erschrocken antwortet er: „Sie bringen mir das hierher? Ich war zwei Jahre lang im Jugendkreis, habe leider hier Arbeit angenommen und lange keinen Gottesdienst mehr besucht. Und nun schickt Sie Gott zu mir; nur meinetwegen sollten Sie wohl auf diesen Platz kommen?" Wir gehen in den Wagen. Der Mann ist ganz aufgelöst, innerlich gepackt. Wir falten die Hände. Er dankt stumm mit festem Händedruck.

Der Herr möge ihn bald heraus und in seine Nachfolge führen! Ihm, dem Herrn des Samens und der Ernte, sei Lob und Dank!

An einem Sonntagmorgen begleitet mich eine liebe Glaubensschwester auf einen Kirmesplatz. Wir singen vor der Packwagentür, auch im nahen Gasthof öffnen sich die Fenster. Einige Passanten bleiben auf der Straße stehen, alle hören und nehmen Blätter an.

Hier ist ein kleiner Zirkus: liebe Leute, viele Kinder. Von rechts ruft jemand: „Wo waren Sie so lange?" und von links: „Schon in drei Dörfern war Kirmes, wir warten auf Sie!" Eine Schießbudenfrau ruft mich und bittet, ihrem Sohn ins Gefängnis zu schreiben; in der stillen Ecke beten wir für ihn.

Ein Japaner gibt mir seine und chinesische Adressen, an die ich in der entsprechenden Sprache Gottes Wort senden soll. Von überall kommen Leute herzu und wünschen Schriften.

Hoch oben auf der Seesturmbahn, umringt von Arbeitern, singen wir das Evangelium auf den Kirmesplatz hinunter. „Auf Sie haben wir schon gewartet", sagen einige. Ein junger, verbitterter Mann nimmt das Blättchen: „Wie kann Gott das zulassen?" Vor dem Gesang läuft er weg, doch der Herr hat auch einen Weg zu seinem Herzen. Viele Evangelien werden verteilt. Nur in einem Wagen spüren wir verhaltenen Spott. Nebenan aber hören sie besonders gut zu, so daß wir auch zusammen beten können. Der Herr nehme alle Dienste in seine Gnadenhände!

Wer reichlich sät...

Der Feind sät reichlich giftiges Unkraut, sollten wir müßig zuschauen? Uns ist kostbarer, heiliger Same in Fülle anvertraut. Sollten wir die von Gott geschenkten Kräfte vom Feind stehlen lassen? Er bemächtigt sich rastlos aller brachliegenden Möglichkeiten, welche nicht für Jesus ausgenützt werden. Oft muß, um das lebendige Wort säen zu können, erst Liebe vorgesät werden; nicht menschliche, welche aufhört, wo sie anfangen sollte, sondern die fließende Fülle göttlicher Liebe, die auch bis zu Zigeunern und Dirnen dringt. Sympathie und Antipathie sind dann „Fremdwörter", weil dieser Liebesstrom unaufhaltsam alle Sündentiefen erreicht. Unsere dürren Herzen öffnen wir dieser sieghaften Liebesglut und empfangen mehr, als wir benötigen. Vom Überfließenden leben die andern.

Es ist eine Lust, den keimkräftigen Samen des lebendigen Wortes zu säen; es ist dem Herrn eine besondere Freude, wüste Stätten in blühende Gärten zu verwandeln. Wir dürfen anbetend zuschauen (Jes. 58,12).

Und reichlich wollen wir ungerechten Mammon säen. Was wir hier unten ausgeben für Jesus, finden wir in vermehrtem Maße wieder, so ist die göttliche Ordnung (je mehr Brot Jesus brach, desto mehr wurde es). Gott läßt sich nichts schenken; er ist die größte Finanzkraft und sucht seine Zahlmeister. Wir wollen uns schon hier an die reichen Verhältnisse des göttlichen Vaterhauses und an seine göttlichen Maßstäbe gewöhnen. – Reichlich säen, dem reichen Vater gemäß.

Und reichlich *betend* säen, einsam und gemeinsam; die für uns bereitliegenden göttlichen Kräfte in Anspruch nehmen, seinen Arm bewegen; durch Siegesgeschrei und Lobgesang im Glauben die Ernte schauend. Dann wird der Herr Siegesfeuer anzünden auf den Missionsfeldern und Frucht schaffen, schon hier, und droben in überraschender Fülle.

Deine Berta

Vor einigen Jahren brachte mir an einem Morgen der Briefträger einen Brief von der Schwester Berta. An der großen Schrift erkannte ich schon den Absender. Ich öffnete den Brief und las den eigenartigen Inhalt:

Lieber Kronprinz!	Offb. 22,5
Teilhaber der göttlichen Herrlichkeit!	1. Petr. 5,1
Haushalter der Geheimnisse Gottes!	1. Kor. 4,1
Doppelt Gekrönter!	Psalm 103,4
Liebesgabe des Vaters an seinen Sohn!	Joh. 17,6
Heiliger! Geliebter!	Kol. 3,12
Zeder im Garten Gottes!	Psalm 92,13
Gehilfe der Wahrheit!	3. Johannes 8

Botschafter Christi!	2. Kor. 5,20
König! Priester!	Offb. 1,6
Mitarbeiter Gottes!	1. Kor. 3,9
Lückenverzäuner! Wegbereiter!	Jesaja 58,12
Lohn seiner Schmerzen!	Offb. 22,12
Miterbe Christi!	Römer 8,12
Haushalter der Gnaden Gottes!	1. Petr. 4,10
Augapfel Gottes!	5. Mose 32,10; Psalm 17,8
Siegelring Gottes!	Haggai 2,23
Bluterkaufter!	Offb. 5,9
Siegesgenosse in Jesu Heer!	2. Kor. 2,14
Gehilfe der Freude!	2. Kor. 1,24
Mein Bruder im Herrn!	Matth. 12,50

Deine Berta

Immer grüne Welle

Es war auf einem Jahresfest der „Süd-Ost-Europa-Mission“ in der „Hammerhütte“ in Siegen. Viele Menschen füllten die Säle des großen Hauses. Gegen Ende des Gottesdienstes stand noch ein Kurzbericht von Schwester Berta Isselmann über die Arbeit ihrer Weltfirma „Hecken & Zäune“ auf dem Programm.

Übervoll war ihr Herz und allzu schnell die Redezeit abgelaufen. Es gibt in dem großen Vereinshaus „Hammerhütte" jedoch eine praktische Einrichtung, um den Redner zu ermahnen, seinen Vortrag zu beenden: Am Rednerpult leuchtet ein rotes Licht hell auf.

Zunächst sprach Schwester Berta tapfer weiter. Als man ihr aber immer wieder das „rote Signal" vor die schwachen Augen malte, kam sie plötzlich zum Schluß ihres Berichtes. Sie zeigte auf die Zuhörer und rief: „Hier habe ich jetzt rotes Licht, aber nach *oben* habe ich immer grüne Welle! Du auch?!"

Arme und Elende sollen sich freuen

Seit Gott unsere ersten Eltern nach dem Sündenfall im Paradies aus seiner Gegenwart ausschließen mußte, ruht das Verlangen nach himmlischer Geborgenheit in jedem Menschenherzen. Oft äußert es sich aber in verzweifelter Abwehr und grober Hilflosigkeit. Nur der liebende Glaube vernimmt es. Dieses Sehnen zu wekken, zu mehren und zum Erlöser und Löser zu führen, ist unsere beglückende Last.

Überfülltes Abteil in einem Schnellzug. Alle Fahrgäste nehmen Traktate an. Auch die junge, aufgeputzte, mit sich selbst beschäftigte Dame am Fenster. Nach einer Weile kommt sie zu mir: „Darf ich noch mehr davon haben?“ Ich notiere ihre Anschrift und erzähle ihr von Jesus, der alle Sehnsucht stillt und allen Schmerz heilt. Sie bleibt stehen, hört und hört – mit Herz und Ohren. Sie ist so ergriffen von Jesu Liebe, daß sie sogar das Aussteigen vergißt.

Später schreibt sie mir: „Es tut mir nicht leid, daß ich den Anschlußzug und den Bus verpaßte; was sie sagten, war mir wichtiger.“

Auf der Straße ruft mir ein Angetrunkener schon von weitem zu: „Ich erkenne Sie wieder; Sie sprachen einmal mit mir und gaben mir ein christliches Blatt. Ich wohne jetzt hier. Schicken Sie mir doch immer diese Zeitschrift; ich will nicht versumpfen.“

Wir besteigen den selben Bus. Die Fahrgäste lachen über den Mann. Beruhigend nehme ich ihn am Arm. Er weiß, daß Jesus ihm helfen kann, sieht einen Lichtschimmer in der Finsternis, geht darauf zu…

„Eigentlich ging ich nur aus Langeweile in Ihren Vortrag“, schreibt ein Strafgefangener. „Aber ich glaube, ich zappele jetzt in dem von Ihnen ausgeworfenen Netz; aber nicht als Goldfisch, sondern als häßliche Krake. Nun bin ich dahin gekommen, mir zu sagen: Mensch, Otto, dein bisheriger Weg stimmt nicht. Ich versuchte schon, andere Wege zu gehen; aber an den Glauben an Jesus dachte ich nicht, denn mein Ich stand immer im Vordergrund. Der Glaube an Christus ist mir ein ‚böhmisches Dorf‘. Nun kamen Sie und sagten ganz schlicht: Kommt zu Jesus! Er hat euch alle lieb! Ihre Worte zeigten mir einen Weg, den ich bis jetzt gemieden habe. Ich weiß auf einmal nicht mehr, was ich tun soll. Bis zu Ihrem Kommen wußte ich das immer. Ich habe nun den Wunsch, mehr davon zu hören."

Meine Seele soll sich rühmen des Herrn,
daß es die Elenden hören und sich freuen.

Psalm 34,3

Kleine Wunder in Gottes großer Arbeit

Im Monat Dezember habe ich immer alle Hände voll zu tun. Viele Strafgefangene warten nämlich auf ein Paket von mir. Deshalb nehme ich in dieser Zeit normalerweise keine Vortragsdienste an. Einmal hatte ich kurz vor dem Weihnachtsfest allerdings schon einen Dienst in Velbert/Rheinland zugesagt. Ich mußte also verreisen. Nach der Jugendstunde, die ich bei dieser Gelegenheit besuchte, drückte mir am Ausgang jemand einen Briefumschlag in die Hand. Das kommt nicht selten vor bei meinen Diensten. Aber diesmal sagte die Besucherin: „Schauen Sie nicht nach, wieviel es ist!" Das tue ich sowieso nie sofort. Deshalb fragte ich nur: „Darf ich um Ihre Adresse bitten?" Ich wollte mich bedanken und ihr einige Gedichtkarten schicken. Doch die Frau gab zur Antwort: „Danken Sie nach oben!“, und weg war sie.

In meinem Quartier öffnete ich den Umschlag: Drei Fünfzigmarkscheine hatte die Frau mir gegeben. Das war viel Geld. Ich betete: „Vater, jetzt kann ich ja schon etwas für die Pakete bezahlen!“

Ich muß ja immer ungefähr sieben bis acht Zentner Ware kommen lassen. Ein gläubiger Bäcker bringt mir alles, und dann sieht meine Stube aus wie ein Warenhaus. Ich war also hoch erfreut über Gottes große Hilfe.

Gleich nebenan war die Buchhandlung. Dort hatte ich Bücher und Schallplatten bestellt. Ich betrat den Laden.

„Wir haben Ihre Bestellung gepackt“, sagte die Schwester in der Buchhandlung. „Die Rechnung ist separat. Bezahlen Sie, wenn Sie zu Hause sind und bezahlen können.“ „Nein“, erwiderte ich, „ich *habe* Geld, ich bin reich. Mein Vater im Himmel hat mir Geld geschenkt, 150 Mark.“

Die Buchrechnung betrug wenig über 100 Mark. Ganz glücklich reichte ich meine drei Scheine hinüber. Aber die Schwestern an der Kasse blieben wie erstarrt stehen. „Möchten Sie mir bitte herausgeben?“ fragte ich. Da rief eine der Schwestern: „Wissen Sie, was Sie da hingelegt haben?“ Ich antwortete: „Na, drei Fünfzigmarkscheine.“ „Nein“, erwiderte die Schwester, „jeder der drei Scheine ist ein Fünfhundertmarkschein. Die Frau hat Ihnen eintausendfünfhundert Mark gegeben.“

Jetzt stand ich aber da und wußte nicht mehr, was ich sagen sollte. „Vater“, sagte ich, „Vater!“ Das war das einzige, was ich in der Buchhandlung herausbrachte. Ich konnte es nicht fassen. Erstens war es eine Jugendstunde gewesen, und das Geld stammte von einer Frau, die sonst nicht dorthin geht. Welch ein Wunder auch, daß sie überhaupt so viel Geld in der Tasche hatte und daß Gott zu ihr sagte: „Gib das alles Schwester Berta!"

Ich hatte ja gar nicht von Geld geredet und war auch nur „zufällig" in dieser Jugendstunde gewesen. Der Pfarrer hatte gesagt: „Berichten Sie den jungen Leuten etwas von Ihrer Arbeit. Sie haben ungefähr eine Viertelstunde Zeit."

Wir standen noch lange zusammen in dem Buchladen. Dann sagten die Schwestern zu mir: „Wir wollen Ihnen jetzt aber das Geld wechseln, damit Sie nicht noch einmal in einen Laden gehen und meinen, Fünfhundertmarkscheine wären Fünfzigmarkscheine."

Ich fragte: „Was ist denn der Unterschied bei den Scheinen? Die sehen doch auch aus wie die Fünfzigmarkscheine!" „Nein", erwiderten die Schwestern lachend, „da ist hinter der 50 noch eine Null, und dann sind sie auch viel größer als die Fünfzigmarkscheine."

Als ich nach Hause kam, lag die Rechnung für die Pakete auf meinem Schreibtisch: 1480,– Mark. An Weihnachten war alles bezahlt.

Aber das ist nicht das einzige Wunder, das ich bei dieser Arbeit erlebte. Im Jahr darauf hatte der gläubige Bäcker seine Firma aufgegeben. Das Weihnachtsfest kam heran. Was sollte ich nun tun? Früher war es einfach gewesen. Da konnte ich zu „meinem" Bäcker gehen und sagen: „Schickt mir mal so etwa sieben Zentner Ware. Aber jetzt mußte ich alles selbst besorgen und gleich bezahlen.

Der Tag, an dem ich einkaufen wollte, kam heran, und ich hatte nichts im Portemonnaie. Aber gegen Abend besaß ich schon 800 Mark. Und dann gab mir noch jemand – eine Witwe – tausend Mark. Meine Hauswirtin und meine Nachbarin kauften dann alles ein. In diesem Jahr war also das Geld da, noch bevor ich überhaupt die Pakete gepackt hatte.

Also, wenn ich von allen Wundern reden wollte, die ich erlebt habe, dann käme ich zu keinem Ende. Es ist großartig, wie uns der Herr hilft und versorgt! Wir handeln in seinem Auftrag. Jesus hat ja auch nicht nur gepredigt; er hat seinen Zuhörern dann auch zu essen gegeben. Und so halten wir es ebenfalls.

Es zündet

Auf einer Großstadtstraße frage ich eine Frau nach dem Weg zu meinem Quartier. Nachdem sie mir freundlich Auskunft gegeben hat, wandern wir ein Stück miteinander. Im Gespräch enthüllt sich ihre ganze Heilandslosigkeit. Offen für ein offenes Wort hört sie zu. Wir vergessen Straße und Großstadtverkehr und falten die Hände, um zu beten. Ihr briefliches Echo zeigt, daß es „gezündet“ hat.

Auf meiner Reise benötige ich wieder einmal ein Taxi. Obwohl der Fahrer sich konzentrieren muß, wage ich ein paar Worte: „Sie sind Tag und Nacht vielen Versuchungen ausgesetzt. Wer betet ‚eine Mauer‘ um Sie?“

„Niemand!“ höre ich trotz der ständigen Funkgeräusche. Leise sage ich ihm von Jesus, der alles überblickt und keinen übersieht und alles in Ordnung brachte, was die Sünde verdorben hat. Ehe ich aussteige, falten wir die Hände und beten. Gern nimmt er Schriften und Evangelien an und gibt mir seine Adresse. „So hat mich noch nie ein Fahrgast behandelt; herzlichen Dank!“ lese ich in seinem Antwortbrief.

Auf einer Bank im Züricher Bahnhof sitzt ein Mann mit einem dicken Pack Zeitungen. Liest er Italienisch, Französisch oder Deutsch? „Berner Tagblatt“ entdecke ich. Also Deutsch! Ich gehe näher und spreche ihn an: „So viele Zeitungen! Schauen Sie, auf jeder Zeitung steht ein Datum. Morgen ist sie alt, und übermorgen sieht sie niemand mehr an. Auch das ‚Berner Tagblatt‘ bestätigt damit seine eintägige Lebensdauer. In der Bibel wird gesagt: ‚Jesus lebt!‘ – ohne Datum! Schauen Sie nach! Oder: ‚Jesus hat dich lieb!‘ ohne Zeitbegrenzung.“

Nachdenklich sieht er mich an. Er blättert in den Zeitungen, liest, notiert, während sein Herz begierig auf die Botschaft von Jesus hört. „Sie haben eine positive Einstellung!“ bemerkt er schließlich. „Wissen Sie, ob

Jesus Sie abholt, wenn Sie abgerufen werden?“ frage ich. „Das kann man doch nicht wissen!“ entgegnet er. Erstaunt hört er von Heilsgewißheit und Herrlichkeit Gottes. Als der Zug einfährt, dankt er herzlich: „Es war mir sehr wertvoll!“ „Wert hat es, wenn Sie nun auch zu Jesus kommen“, rufe ich ihm in die Erste Klasse nach. Jesus fährt auch Erster Klasse.

Im Zug sitzt mir ein vierzehnjähriges Mädchen gegenüber und liest eifrig. Mir scheint, es ist keine gute Lektüre, in die sie so vertieft ist. „Darf ich mal fragen, was du da hast?“ sage ich. Bereitwillig zeigt sie mir den Krimi und nimmt von mir ein gutes Buch an, worin sie sich sofort interessiert vertieft. Ehe ich aussteige, bitte ich: „Liebes Kind, möchtest du mir nicht dein Buch schenken? Es gehört in den Ofen.“ Ohne zu zögern trennt sie sich von ihrem Schmöker und liest in dem Buch weiter, das ich ihr schenkte. Möge das Feuer vom Himmel auch ihr Herz entzünden!

Treffen muß man können

Vor einigen Jahren besuchte Schwester Berta drei leibliche Schwestern, die zusammen im selben Haus wohnten und nun alt geworden waren. Diese drei wurden von vielen Sorgen bedrückt und hatten viel Grund zum Klagen. Schwester Berta hörte sich das eine Zeitlang an und meinte dann zurechtweisend: „So dürft ihr als Kinder Gottes nicht sorgen!"

„Aber Schwester Berta, wie machen Sie es denn, wenn Sie Sorgen haben?"

Ihre Antwort: „Ich packe alle Sorgen zusammen, werfe sie im Glauben meinem Heiland hin und bete: ‚Lieber Herr, sieh, wie du damit fertig wirst; ich kann es nicht!' Dann bin ich die Sorgen los und habe Ruhe. Ihr müßt es genauso machen."

Die drei Schwestern berichteten später selbst, daß sie durch den Besuch von Schwester Berta sehr getröstet wurden. Seitdem versuchten sie, es so zu halten, wie es ihnen empfohlen worden war.

Bei einer anderen Gelegenheit erklärte Schwester Berta: „Die Sorge kommt zu uns, aber wir sagen zu ihr: Du hast dich in der Adresse geirrt; du gehörst Gott, nicht uns. Weil die Sorge nicht gutwillig geht, müssen wir sie auf Gott werfen. Werfen und werfen ist aber ein Unterschied. Man muß richtig treffen. Wir müssen so lange werfen, bis die Sorge an einem Verheißungshaken hängenbleibt. Uns macht sie unglücklich, aber Gott wird im Nu mit ihr fertig." Schwester Berta kann sich dabei auf Martin Luther berufen, der in einer Predigt über das Bibelwort aus 1. Petrus 5,7: „Alle eure Sorgen werfet auf ihn, denn er sorgt für euch!" sagt: „Wer solch Werfen nicht gelernt hat, der muß bleiben ein verworfener, zerworfener, unterworfener, ausgeworfener, abgeworfener und umgeworfener Mensch!"

„Im finstern Tal, da ist es fein,
da bin ich ganz mit Dir allein.
Du leuchtest mir, mein Freudenlicht,
daß es mir nie an was gebricht."

(Nach Micha 7,8)

Die Liebe muß zu spüren sein, nicht das Opfer

Interview mit Schwester Berta Isselmann

Liebe Schwester Berta, erzähle uns bitte einmal etwas von deiner „Weihnachtsarbeit".

Weil unser himmlischer Vater uns seinen Sohn geschenkt hat, darum beschenken wir auch die anderen; nicht damit sie Pakete bekommen, sondern damit sie die Liebe des Vaters im Sohn erkennen. Ich bin kein sozialer Verein und keine Caritas, sondern ich bin eine alte, alleinstehende Rentnerin. Aber wie der Herr sorgt, ist überwältigend. Schon im November fängt er an zu sorgen. Da wird schon hier und da in Briefen etwas Geld geschickt. Da erinnert der Herr die Leute: Jetzt kommen bald die Pakete. Deshalb schreibe ich auf einen Briefumschlag: „Pakete", und was an Geld dafür bestimmt ist, lege ich da hinein.

Schwester Berta, würdest du uns auch etwas über den Umfang deiner Arbeit sagen?

Ich weiß ja nie, wieviele Gefangene ihre Paketmarken schicken. Aber wir rechnen zunächst mit etwa 60 Paketen. Ich bestelle 60 Stollen und 60 Dauerwürste von anderthalb Pfund; das Beste für meine Männer. Wir tun das ja für Jesus und nicht für die Männer. Für den Heiland ist nur das Allerbeste gut genug. Und dann lassen wir so etwa acht bis zehn Zentner Ware kommen. Da sind einige Gläubige in unserem Dorf, die ein Auto haben. Die fahren dann mit meiner Hauswirtin los und bringen die Ware herbei. Die wird dann aufgestapelt in meinen zwei Stuben, auf Schränken, unter der Liege, auf dem Schreibtisch, zum Teil noch im Fremdenzimmer meiner Wirtin.

Wie führst du diesen Versand nun praktisch durch?

Weil ich so behindert bin mit meinen Augen, kann ich selber eigentlich gar nichts tun. Zunächst werden Briefe geöffnet. Ich kann sie ja nicht lesen. Dann kommt eine meiner „Leserinnen", setzt sich an den Schreibtisch und liest die Post. Dann kann ich nachschauen, wer besondere Wünsche hat, Diätwünsche z.B. oder andere. Das wird notiert, und dann kommt eine Frau aus dem Dorf, die die Ware einpackt. Jede einzeln in wunderschönes Weihnachtspapier. Jedes Päckchen in ein anderes, ganz bunt, was die Männer gern haben. Meine Hauswirtin verschließt die Pakete, beschriftet und wiegt sie. Schließlich kommt eine andere Frau, die ein Auto besitzt, und bringt sie zur Post.

Wieviele Pakete wurden im vergangenen Jahr verschickt?

Im vergangenen Jahr waren es 95, Pakete an Gefangene, an psychiatrischen Heilstätten und Pakete für Angehörige von Gefangenen in der DDR eingerechnet. Wie das so geht: Einer sagt dem anderen meine Adresse, und so häufen sich dann die Anschriften: „Nun, wir haben gehört, Schwester Berta, Du packst Pakete; schick mir auch eines, ich habe niemand." Oder der Pfarrer einer Anstalt sagt zum Beispiel: „Schicken Sie mir doch bitte zehn Pakete für die Männer, die sonst nichts bekommen würden." Ich schicke eine weitere Anzahl an die Gefängnispfarrer in Kassel und Butzbach und an meine Ziegenhainer. So ist es ein fröhliches Schaffen für Jesus. Wir geben ihm ja nur, was ihm sowieso gehört.

Wenn man so viele Geschenke macht, freut man sich über ein Dankesschreiben. Wie sieht es denn damit aus?

Das ist ganz verschieden. Einige schreiben umgehend; sie schreiben: „Ich habe weinen müssen, als ich das Paket öffnete, es war mit so viel Liebe gepackt." Sie sind wirklich sehr dankbar. Diese Briefe gebe ich natürlich meiner Hausfrau, weil sie sich doch mitfreuen muß und ihre Arbeit gewürdigt wird. Andere schreiben überhaupt nicht. Und dann gibt es noch welche, die schreiben: „Ich weiß, daß Du uns nie was zum Rauchen schickst. Aber ich danke Dir für das viele Nikotin. Ich habe das 10-Pfund-Paket nämlich gegen Zigaretten umgetauscht."

Warst du da nicht ärgerlich?

Der erste Gedanke war: Er bekommt nichts mehr! Aber sofort habe ich mich korrigiert. Gott hat uns unverdient Jesus geschenkt, also bekommt er unverdient wieder ein Paket. Ich werde ihm dann schreiben: „Ich danke Dir, daß Du es diesmal nicht umtauschst für Zigaretten, sondern Dich selber daran freust." – Dann besuche ich die Anstalten ja öfter persönlich, und immer wieder kommen nach Weihnachten einige, die sich noch nachträglich für die Pakete bedanken. Ich richte mich gern nach einem Spruch von Mutter Eva, der in meiner Wohnung hängt:

Verlange nichts!
Gib alles!
Duld' und schweige!
Dein Opfer nicht,
nur deine Liebe zeige!

Der Herr Jesus sieht das Opfer, aber die Menschen sollen nur die Liebe sehen. Wir dürfen nicht „den Preis dranlassen". Petrus hat das versucht: „Wir haben alles verlassen und sind dir nachgefolgt; was wird uns dafür?“ So nicht! Nie den andern merken lassen, was es gekostet hat, welche Mühe und welche Zeit es kostet mit meinem gebrechlichen, alten Körper, das zu bewerkstelligen. Der Herr Jesus sieht das Opfer ja sowieso. Aber weil wir es schon aus Liebe zu Jesus tun – und es soll ja Dank sein für Golgatha –, empfinden wir es gar nicht mehr als Opfer, sondern sind dankbar, für ihn das tun zu dürfen.

Ich werde manchmal gefragt: Wie kommt es, daß mir die Liebe fehlt, ich bin doch auch ein Gotteskind, aber die Liebe zu den Verlorenen habe ich gar nicht? Dann muß ich immer auf Römer 5,5 hinweisen, wo es heißt: „Die Liebe Gottes ist ausgegossen in unser Herz.“ Ausgegossen! Nicht nur tropfenweise. Diese Liebe dürfen wir nicht hemmen. – Und weil wir unter dem Liebesstrom, unter dieser Liebesfülle stehen, darum können wir Liebe weitergeben. Es gibt auch Christen, die gehen im Liebesmeer nur spazieren. Bei ihnen geht es noch nach sympathisch und unsympathisch. Aber das sollte nicht so sein. Die Liebe Jesu reicht tiefer als die tiefste Tiefe. Und die Lieblosen sind ja am meisten liebebedürftig. Das dürfen wir nie vergessen; das müssen sie an den Paketen und unseren Briefen merken. Die Liebe Jesu wiegt schwerer als der Inhalt der Pakete.

Schwester Berta, willst du diese Arbeit noch weiter tun trotz deines Alters und obwohl du kaum noch etwas sehen kannst?

Natürlich! Ich singe mit Mutter Eva: „Ancilla Domini!

Mein Herr entläßt mich nie!" Und wenn ich am Schreibtisch umfalle oder beim Paketepacken, jedenfalls werde ich, solange der Herr mich hier unten atmen läßt, den Gefangenen dienen und dem fahrenden Volk und allen Leuten, die er mir in den Weg schickt. Das ist auch so großartig, daß wir immer die am liebsten haben, die Gott uns grad' im Augenblick schickt.

Die Fragen stellte Pfr. Wilhelm Veller, Marburg

Schlechtes Wetter gibt es nicht

Auf der Straße treffen mein Vater und ich zufällig Schwester Berta. Sie steigt von ihrem Fahrrad ab und geht eine Weile neben uns her. Es ist gerade die Zeit der Heuernte, aber zum Leidwesen der Bauern regnet es seit einigen Tagen. „Ja, Berta, wir haben jetzt schlechtes Wetter", seufzt mein Vater. Ganz energisch antwortet Schwester Berta: „Wunderlichs Vater, das müssen Sie sich merken: Schlechtes Wetter hat mein himmlischer Vater nicht! Wenn die Sonne scheint, ist *schönes* Wetter, und wenn es regnet, dann ist *gutes* Wetter. Aber schlechtes Wetter gibt es nicht!"

Nach dieser originellen Belehrung besteigt sie wieder ihr Fahrrad und fährt weiter zum nächsten „Dienst".

Wichtige Nebensachen

Schwester Berta kam zu einer älteren, alleinstehenden Frau. Deren Haare waren nicht hochgesteckt, sondern hingen wirr herunter. Erschrocken fragte Schwester Berta: „Wie siehst du denn aus? Warum hast du denn die Haare nicht gemacht?“ „Ich habe keine Haarnadeln“, jammerte die Frau. Entschlossen zog Schwester Berta daraufhin alle Haarnadeln aus dem eigenen Haar und übergab sie der alten Frau. Die meinte: „Jetzt haben Sie aber keine Nadeln mehr. Wie sehen *Sie* aber jetzt aus?“ Schwester Berta erwiderte: „Macht nichts! Ich fahre mit dem Fahrrad nach Hause und habe dabei ein Kopftuch um den Kopf gebunden. Dann sieht das kein Mensch. Daheim habe ich noch Haarnadeln, mehr als genug!“

Und damit radelte sie weiter, glücklich wie immer darüber, daß sie einem Menschen aus einer Verlegenheit helfen durfte.

Er verfügt's – mir genügt's

So konnte ich nicht immer jubeln. In meinem Leben ohne Jesus ging es zwar lustig zu, aber ich war doch traurig. Nach der Entscheidung wollte ich für ihn Frucht bringen, für ihn wirken. Er sollte immer für mich da sein, ich bat bei allen Einsätzen für ihn um seinen Beistand, seine Bewahrung, seinen Segen. Überall wünschte ich seine zustimmende Begleitung. Der Herr in seiner Gnade schickte mich nicht fort, doch er zeigte mir die geistliche Linie. Er wünschte Bereitschaft. Er wirkt durch mich. Er handelt, ich darf ihm nicht dazwischenpfuschen. Unser Tun besteht darin, sein Tun nicht zu hindern. Er hat mich hineinerkauft für sein Reich, für sich! Er will mich! Die Dienstgelegenheiten sind damit auch geschenkt. Er sendet, er leitet, er hat die volle Verantwortung. Ich darf mich aus den Augen verlieren. Ich gehe mich nichts an. Ich gehöre nicht mehr mir. Er ist in Person alles für mich. Er genügt mir völlig! Ihm zur Verfügung Tag für Tag! In heiliger Sorglosigkeit darf ich in ihm ruhen und auf seinen Wink warten. Sein Geist hilft meiner Schwachheit auf. Er ist mein Gedächnis. Er schenkt, was ich sagen soll, und diktiert mir am Schreibtisch. Die Briefe und Antworten meiner Gefangenen zeigen, daß er an der Arbeit ist. Er verfügt über meine Finanzen. Seine „Zahlmeister" verkünden seinen Reichtum. Er weiß auch um meine kranken Augen. Er möchte sich verherrlichen, ob er sie heilt oder nicht. Heilt er, so erhört er mich im Zeitlichen; heilt er nicht, erhört er mich im Ewigen – nur dem Glauben sichtbar. Er mißt mit Ewigkeitsmaßstäben. Auch im dunkeln Tal fürchte ich kein Unglück. Wir ruhen in seinem Liebeswillen. Er verfügt über meine Zeit.

Während ich eifrig schreibe, drängt mich seine Liebe, die Arbeiter auf der nahen Baustelle zu besuchen. Ich gehe zu ihnen in die Mittagspause. Heute nehme ich Äpfel mit. Sie sollen Liebe spüren. Dankbar hören sie besser zu. Viele „Warum“ bewegen ihre Herzen. Jesus hat alle „Warum“ am Kreuz gelöst. Gott hat Grund, uns zu fragen: „Warum zweifelst du? Jesus ist da! Warum bist du so furchtsam? Jesus ist doch da!“

Dann müssen die Männer wieder an ihre Arbeit. Heute konnte ich nicht wie sonst mit ihnen die Hände falten. Aber der Heilige Geist wirkt weiter.

Im Nachbardorf stehen einige Kirmeswagen. Ich kenne die Schausteller nicht. Ein Kranker ist sehr verbittert. Er nimmt zwar einen christlichen Abreißkalender, läßt mich aber nicht in seinen Wohnwagen. Ich werde ihm ein Zuckerdiätpaket schicken. – Die Burg Satans steht auf Gottes Grundstück. Wo du liebst, ist Licht. Wo du glaubst, ist Sieg! Wir dürfen bezeugen, überzeugen kann allein der Heilige Geist. Er verfügt auch über die Frucht des Dienstes. Das genügt.

„Ich will Dich loben heute morgen,
heut mittag und heut abend auch;
Dich fröhlich ehren ohne Sorgen,
Du schenkst mir alles, was ich brauch'.
Ich bin ja Kind im reichsten Haus,
Dir geht Dein Vorrat niemals aus.“

Ein Arzt für Kranke

Gott liebt schrankenlos. Jesus läuft ohne Abstand zu halten in unser Elend und Tod. Wenn wir ihm nachfolgen, läßt er uns teilhaben an seinem Liebeswirken auch hinter Gittern. – Die Briefe meiner Männer aus verschiedenen Strafanstalten zeigen das deutlich:

„Zuchthäuser sind Mülleimer, wir sind darin der Müll. Mir kann nicht geholfen werden, sagte man mir. Gegen Lügen und Stehlen gibt es kein Mittel. Auch der Psychiater kann mich nicht ändern. Gott und Menschen lassen mich allein."

„Als ich erfuhr, Schwester Berta kommt und hält Bibelstunde, antwortete ich: Ich lege mich lieber aufs Ohr! Aber mir fiel ein, daß meine Mutter auch an Jesus geglaubt hatte, und ich ging hin, nicht aus Interesse

Als ich aus dem Saal kam und wieder allein in der Zelle war, ging's mir wie ein Stich durchs Herz. Sie haben in mir etwas hinterlassen, was ich noch nicht zu deuten vermag. Ich hoffe, daß ich eines Tages Jesus finden werde."

„Das Herzbüchlein von Goßner habe ich erhalten. Bild für Bild nehme ich durch und lese alle Bibelstellen dazu. Nicht nur einmal werde ich es lesen, sondern es mit Herz und Verstand in mich aufnehmen."

„Dein Brief hat mich sehr beeindruckt. Es ist uns allen eine Freude, wenn Du Anfang Januar wieder zu uns kommst, denn Du gehörst ja zu uns. Auf Zelle habe ich einsame Stunden und möchte Gott näherkommen. Zeugen Jehovas gaben mir nichts, und Christen rückten von mir ab, als sie hörten, daß ich im Zuchthaus sitze. Alle konnten mir nicht geben, was Du mir, liebe Mutter, in der Bibelstunde und in der Aussprache gegeben hast. Ich danke Dir von Herzen dafür. Ich höre Dich sagen: Danke nach oben, nicht mir! Ich danke meinem Heiland von ganzem Herzen für alles, was er mir schenkte."

„Es ist kein Unterschied, derselbe Herr ist reich über alle, die ihn anrufen. Da ich auf Zelle arbeite, singe ich oft dabei aus dem schönen blauen Liederbuch. Ich bin sehr glücklich; denn ich hole mir Kraft aus der Bibel und im Gebet. Möchten doch noch viele Ihrer Briefpartner den Weg zum Heiland durch Ihre Hilfe finden, soweit sie noch keine Kinder Gottes sind!"

Im Gespräch sagte mir jemand: „Mir gefiel es so sehr, was Sie von der Vergebung sagten; mir war bis gestern abend alles egal. Ich bereute nicht die vielen Sünden, die ich getan habe. Aber nun bereue ich. Komisch, wie das wohl kommt?"

Ein junger Mann sitzt vor mir, den ich her bat, um ihm einen Gruß auszurichten. Er lehnt Gott und Menschen ab und auch ein Buch, das ich ihm geben will. Er bleibt aber sitzen und hört von der Liebe Gottes in

Jesus. Ich bete mit ihm. Da springt er auf, drückt meine Hand und sagt: „Ich will doch das Buch annehmen und lesen."

Gott, der Herr, möge sich als der rechte Arzt in aller Herzen erweisen, daß sie fröhlich jubeln können: „Der Herr ist mein Helfer, und unter dem Schatten seiner Flügel frohlocke ich" (Psalm 63,8).

„Da er noch ferne war, sah ihn sein Vater..."

Eine ältere Dame fragt mich vor Ankunft des Zuges nach dem richtigen Bahnsteig. Ich verliere sie danach wieder aus den Augen. Dann erwische ich den falschen Wagen, muß umsteigen und finde genau neben meiner Bekannten vom Bahnsteig einen Platz. Wir staunen beide. Wie wenig sie von Jesus weiß! Ich mache sie auf den Ernst der Ewigkeit aufmerksam. Nachdenklich bemerkt sie: „Ich muß wirklich anfangen, mich damit zu beschäftigen, und das Neue Testament lesen."

Nur wenige Gäste sitzen in der Wirtsstube; aber dennoch kommt es mir vor, als ob die ganze Hölle darin versammelt wäre: Spott, Gelächter, Ablehnung,

Empörung schlagen mir entgegen. Gehalten von oben, geborgen in Jesus darf ich sie auf die Heiligkeit Gottes aufmerksam machen. Dann singe ich: „Dir fehlt wohl noch der Friede." Einige Jugendliche kommen herein. Der erste bemerkt unwillig: „Ich denke, ich bin hier in einer Kneipe!" Darauf erkläre ich: „Wo immer Menschen atmen und man einen Herzschlag bekommen kann, muß von Jesus geredet werden." Langsam werden die jungen Leute still, fast nachdenklich.

Betend suche ich den nächsten „löchrigen Brunnen" auf. Eine superlaute Musikbox verrät von weitem, wo Menschen vergeblich Erquickung suchen. Beim Eintreten stellt die Wirtin die Musik ab. „Wir haben einen Felsen" singe ich, und alle vernehmen, was uns Jesus sein will. Still hören alle das Zeugnis und nehmen Schriften an. Ich will glauben, daß Gottes Wort und Geist stärker sind als der Lärm des nächsten Liedes aus der Musikbox.

In der Nacht hat es gestürmt. Straßenarbeiter sind dabei, wieder aufzuräumen. Da am Vortage Himmelfahrt war, frage ich sie, was gestern für ein Tag war. „Vatertag!" rufen sie. Apostelgeschichte 1, der Tatsachenbericht der Thronbesteigung Jesu, interessiert sie aber dann doch so, daß sie ihre Arbeit unterbrechen, mich umringen und zuhören. Nach Tagen besuchen mich zwei von diesen Arbeitern. „Sie haben uns von der Himmelfahrt Jesu erzählt. Wir möchten noch mehr davon hören." Erfreut bediene ich sie mit Kaffee und Gottes Wort. Mit Literatur versehen verabschieden sie sich schließlich dankbar.

Der Schnellzug, mit dem Soldaten zum Wochenende nach Hause fahren, ist ein großes Missionsgebiet. Ich selber komme auch vom „Dienst" und suche meine letzten Bücher zusammen. Das allerletzte gebe ich dem mir gegenübersitzenden jungen Mann. Er legt daraufhin seine Zeitung beiseite und blättert in dem Buch. „Ich bin überzeugter Kommunist", eröffnet er das Gespräch. Dennoch ist sein Herz offen für Gottes Wahrheit. „Nie habe ich einen Menschen kennengelernt wie Sie", erklärt er verwundert. Besonders das Gebet beeindruckt den jungen Mann.

Auf dem Bahnsteig denke ich bei mir selbst: „Das ist doch kein Zustand, hier bequem allein zu bleiben, während heilandslose Menschen auf Hilfe warten!" Ich bewege mich auf eine der Bänke zu, wo Reisende auf den Zug warten. Ein junges Mädchen schaut erstaunt auf, als ich sie frage: „Haben Sie Jesus lieb?" „Nicht sehr", meint sie hilflos und steckt sich eine Zigarette an. „Ich halte nichts davon, bin Pfarrerstochter." – „Sie fahren gewiß ‚Raucher'", stelle ich fest, was sie bejaht. Ich denke, Jesus würde um dieses Menschen willen bestimmt auch „Raucher" fahren, und steige mit ihr ein. Das junge Mädchen hört noch lange zu. Was geht wohl in ihr vor? Der Herr weiß es allein. Nachdem ich mit ihr gebetet habe, verabschiedet sie sich. Wie gut, daß Jesus mit allen Angesprochenen weiterfährt und -redet!

Abends spät sehe ich einen noch erleuchteten Bauwagen. Vorsichtig rufe ich: „Schlaft ihr schon?" „Nein!" tönt es vielstimmig zurück. Bei meinem Eintreten herrscht erwartungsvolle Stille. Der Polier sitzt, in ein Buch vertieft, am Schreibtisch. Mit freundlichem Händedruck begrüßt er mich. Ein Jesuslied erfreut alle. Still hören sie die Botschaft: „Herr, bleibe bei uns, denn es will Abend werden, und der Tag hat sich geneigt." Auch der Tag unseres Lebens geht einmal zu Ende. Alle sind hellwach und hören zu. Zuletzt falten wir die Hände. Alle nehmen dankbar christliche Literatur an. Der Polier dankt herzlich für meinen späten Besuch.

Lautes Schreien, ja Grölen aus dem Bauzug zeigt mir den Weg. Wer vom falschen Herrn regiert wird, feiert auch falsch; und wer vom richtigen Herrn regiert wird, feiert auch in richtiger Weise: Es wird ein Lob- und Danktag. Jäh bricht der Lärm ab, als ich eintrete. Das „Geburtstagskind", ein junger Arbeiter, ist noch nüchtern. Nach lauter Begrüßung rufe ich: „Wenn ihr richtig zuhören könnt, singe ich euch ein Geburtstagslied." Stille. Ein Angetrunkener hängt mir über der Schulter. „Komm zum Kreuz mit deinen Lasten!" Einer staunt: *Das* ist ein Lied! *Das* ist ein Lied!" Es macht ihm sichtlich Eindruck. Als ich das Geburtstagskind nach seinem Konfirmationsspruch frage, antwortet der Mann ohne Zögern: „Des Herrn Augen schauen alle Lande, daß er stärke die, so von ganzem Herzen an ihm sind" (2. Chron. 16,9). Er gibt mir seine Adresse. Ich werde ihm in einem Brief seinen Spruch erklären. Wir falten die Hände.

Von der Finsternis zum Licht

„Er hat mich gesandt, aufzutun ihre Augen, daß sie sich bekehren von der Finsternis zum Licht und von der Gewalt Satans zu Gott."

(Apostelgeschichte 26,18).

Das große Wohnwagenlager Frankfurt-Bonames liegt im strahlenden Sonnenschein. Einige Zigeuner, wenige Schausteller und Artisten und viele sogenannte Asoziale bevölkern den Platz. Zuerst besuche ich meine Zigeuner. Singend gehe ich durch die Wagenreihen. Buzela, eine junge Frau, freut sich sehr über meinen Besuch. Strahlend zeigt sie mir ihre kleine Leila. Die ältere Mosela kommt dazu. Bekümmert schaut sie mich an: „Abends spreche ich immer so mit Gott, was ich denke. Er möchte mich doch gesund machen. Ist das auch richtig gebetet? Aber ich habe Angst vor Gott, weil ich sündige. Manche Leute haben die Erkenntnis nicht, aber ich weiß, daß ich sündig bin."

„Woher weißt du das; wer hat es dir gesagt?" frage ich. „Niemand; so von innen kommt das." Sie zeigt auf sich selbst. Mosela nimmt die Botschaft auf wie dürres Land den Regen. Als ich ihr Jesaja 53,5 und 6 erkläre, ruft sie strahlend aus: „Wunderbar, ganz wunderbar! Das kann ich gut verstehen. Gott warf meine Sünden auf Jesus und die Strafe dafür auch, das ist ja wunderbar! Nun habe ich keine Angst mehr vor Gott." Wir falten die Hände, und Mosela dankt für das Opfer Jesu.

Sie kann lesen und bekommt daher ein Neues Testament. Hoffentlich kommt sie in den Frauenkreis!

Und nun zu Katza, die mit zwei ihrer Kinder in der geräumigen Küche sitzt. Die älteren Kinder sind schon verheiratet. Es ist heute schwer, mit ihr von Jesus zu sprechen, denn sie seufzt und klagt, weil Gott ihren Kleinsten abgerufen hat. Sanft sage ich ihr von Gottes Weisheit und Liebe und daß Jesus ihr Heiland und Freund und Stütze sein will. Sie faltet mit mir schließlich die Hände und ist ruhig geworden. Schade, daß sie nicht lesen kann!

Die Schausteller draußen streichen gerade ihre Wagen und „rollenden Geschäfte" schön rot und grün an.

Ein alter Artist, der sonst immer widersprochen hat, hört heute interessiert zu. Seit seine Frau gestorben ist, sucht er die Wahrheit.

Fast alle hier sind okkult belastet. Von all der Literatur, welche ich bei mir habe, greifen sie zuerst nach einem Buch über Wahrsagerei und Aberglauben; auch mein Scherenschleifer, der ein bewegtes Leben hinter sich hat. Er schaut mich unentwegt an, während ich ernst mit ihm und seiner Frau spreche. Der Heilige Geist möge ihnen die Augen und das Herz öffnen!

Weil jeder Mensch Vergebung sucht, spreche ich heute morgen einzelne direkt darauf an. – Den Autofahrer, der mich so freundlich mitnimmt, frage ich: „Haben Sie Vergebung Ihrer Sünden?" „Noch nicht ganz", antwortet er. Das junge Mädchen an der Haltestelle beantwortet die gleiche Frage mit einem klaren

„Nein!“ und hört die frohe Botschaft von der Vergebung durch Christus.

Ein Bankbeamter „hofft“, Vergebung seiner Sünden zu haben, und staunt über meine Gewißheit.

Der Mann auf der Gartenbank bejaht meine Frage. Ich setze mich zu ihm. Einem vorübergehenden jungen Mann rufe ich zu: „Haben Sie Vergebung Ihrer Sünden?“ „Kann man das denn wissen?“ fragt er zurück und bleibt stehen. „Ich bin Mittelschullehrer und gebe Religionsunterricht“, sagte er dann. „Woher wissen Sie, daß Sie Vergebung Ihrer Sünden haben?“

Er hört nun von der Realität der Vergebung, von der die Bibel spricht. Dann muß er weiter.

> *Wohl dem, dem die Übertretungen vergeben sind, dem die Sünde bedeckt ist.*
>
> Psalm 32,1

Alle dürfen kommen

„Da er noch ferne war, sah ihn sein Vater...“

(Lukas 15,20)

Gottes Augen sind auf jeden einzelnen Menschen gerichtet, so intensiv, als ob er nur diesen einen heimzulieben hätte. Sein Liebesblick durchdringt düstere

Mauern und graue Zellenwände, sieht hinter Gittern den einen, der noch ferne ist.

Von Zeit zu Zeit darf ich in vier Strafanstalten von Jesus und seinem herrlichen Sieg sprechen. Uns steht jeweils ein Klavier zur Verfügung. Da wir eineinhalb Stunden Zeit haben, üben wir zwischendurch manches Lied. Welche Freude, die kräftigen Stimmen zu hören und die begeisterten Gesichter zu sehen! Einer der Sänger übt in der Zelle fleißig Akkorde auf seiner Gitarre, um uns begleiten zu können. Ein Türke bemerkt: „Die schönen Lieder kann ich noch nicht mitsingen, aber Ihre Worte verstehe und behalte ich und sage alles meinen türkischen Freunden weiter. Mir ist die Bibelstunde wie eine Hochzeit. Wann kommen Sie wieder?"

Viele Ausländer, welche die deutsche Sprache nicht verstehen, lesen ihr Neues Testament. Der Herr möge sie besonders segnen!

So notwendig die Wortverkündigung ist, so wichtig sind die Einzelgespräche. A. sitzt mir gegenüber: „Seit meiner Konfirmation besuchte ich keinen Gottesdienst. Ich fragte nicht nach Gott und der Bibel. Aber in der Haft begann ich nachzudenken. Ich weiß, ich muß ein anderer Mensch werden. Helfen Sie mir auf den rechten Weg!"

Ein anderer Jugendlicher mit mürrischem Gesicht bedauert zunächst nur, daß er kein „Hasch" hat. Unter der Verkündigung der Botschaft beginnt er zu erkennen, daß ihm der Durchbrecher aller Bande, Jesus, fehlt. Eine volle Stunde sitzen wir dann zusammen über der Bibel. „Ich hatte mal was mit Jesus erlebt, aber alles ist weg", bekennt er. „Gern hätte ich den Glauben wieder, was soll ich tun?" Doch er gibt selbst die Antwort: „Wo zwei oder drei in meinem Namen versammelt sind, da bin ich mitten unter ihnen", zitiert er feierlich und nimmt mir das Wort aus dem Munde. Nachdem er „ausgepackt" hat und wir miteinander gebetet haben, ist das „Hasch" sehr unwichtig und Jesus sehr wichtig geworden.

Im Innenhof treffe ich K. Auf meine Begrüßungsfrage: „Kommst du mit zum Gespräch?" erwidert er: „Heut nicht, morgen!" Doch wenige Minuten später sitzt er bei mir. „Mein Vater ist gestorben. Schreiben Sie meiner Mutter." Sein Herz ist wund und offen für das rettende und tröstende Wort. Besonders dankt er für das gemeinsame Gebet.

Immer wieder erlebe ich, daß einer der Männer sagt: „Obwohl ich eine Entscheidung für Jesus getroffen hatte, bin ich jetzt hier. Wie ist das möglich?"

„Du hast gewiß damals dem Heiland allerlei Sorgen und Sünden gebracht, aber dich selbst behalten", versuche ich zu erklären. Gott will nichts *von* dir, sondern *dich*!" Mein Gegenüber nickt zustimmend: „Es war keine ganze Sache, heute will ich mich selber Jesus geben..." Ein neuer, glücklicher Mann verläßt später den Raum.

Es wäre noch viel zu berichten von Zellenbesuchen, von schwierigen Diskussionen mit seelisch Kranken und Verzweifelten. Allen sind wir Liebe und das Evangelium schuldig. Viele Gefangene bitten um Briefpartner. Vielleicht ist das eine Aufgabe für meine Leser.

Dann schreiben Sie an: Schwarzes Kreuz, Jägerstr. 25a, 3100 Celle. Wir alle wollen mithelfen, daß noch viele Menschen heimfinden ans Vaterherz Gottes.

Immer rechtzeitig

„Predige das Wort, halte an, es sei zur rechten Zeit oder zur Unzeit."

(2. Timotheus 4,2)

Das Plakat wirbt für ein Schützenfest. Ich nehme die Einladung an und begebe mich mit vollbepackten Taschen auf den Weg. Sicher werde ich viele Schausteller antreffen. Ein Stück weit fahre ich mit dem Bus, dann wandere ich einen Feldweg entlang zwischen duftenden Blumenwiesen, deren Margeritensterne mich aufmunternd anstrahlen. Ich laufe und laufe, aber wo ist der Festplatz? Stille ringsum.

Endlich entdecke ich ein Auto! Es sind Bauern, die zur Feldarbeit fahren. Von ihnen erfahre ich, daß keine Schausteller kommen werden und das Schützenhaus hoch oben im Wald liegt. Um 11 Uhr soll es losgehen mit einem Festessen im Bierzelt. Gerade als ich darum bitten will, mich ein wenig bei ihnen ausruhen zu dürfen, braust ein großes Auto heran. Die weißen Jacken der Männer darin verraten, daß es Bierzeltbedienung ist. Sie rücken eng zusammen und nehmen mich mit. „Ich kenne Sie“, sagt der eine – es ist der Wirt –, „verderben Sie mir nur nicht das Geschäft!“

Um 9 Uhr sind wir am Zelt. Wir sind die ersten. Mittlerweile habe ich dem Wirt seinen Erich-Namen erklärt: Großes „Er“ und kleines „ich“. Er hört gern von Jesus. „Kommen Sie mit, ich muß dort den Zigarettenautomaten füllen, da können Sie mir weitererzählen“, bittet er mich. Während ein Bierfaß nach dem anderen ins Zelt gerollt wird, falte ich still die Hände. Am Eingang lasse ich mich dann häuslich nieder. Jeder Eintretende wird mit einem christlichen Blatt begrüßt. Erstaunlich viele Mütter mit Kindern sind dabei. Die Kleinen freuen sich über die schönen Bildhefte. Der Wirt paßt auf, daß ich keinen übersehe. Er fragt sogar, ob ich eine Ansprache halten möchte; doch die Schützen protestieren.

Während ich mein Brot esse, wird mir ein Glas Bier serviert.

„Eure Fürsorge und Liebe nehme ich gern an, aber ich trinke keinen Alkohol“, sage ich dankend. „Es sieht doch keiner; und ich sage nichts“, bemerkt wohlwollend der Kellner. „Doch!“ antworte ich, „Gott sieht alles, auch durch die Zeltdecke.“ Dann hören sie alle den Anfang des 139. Psalmes: „Herr, du erforschest mich und kennest mich. Ich sitze oder stehe, du siehst es…“

Laut erklingt dann das Lied vom wunderbaren Namen Jesu. Der Parkplatz füllt sich. Ich muß mich anstrengen, jeden Eintretenden mit Schriften zu versorgen. Gegen 11 Uhr bringt mir eine Bekannte einen

Teller Suppe zum Mittagessen. Im Zelt erklingt jetzt laute Musik, deshalb erwarte ich außerhalb die weiteren Gäste. Die Schützen sind wenig ansprechbar, doch immerhin nehmen sie Traktate an.

Ich vertraue darauf, daß der Heilige Geist Wort und Lied in den Herzen der Menschen lebendig macht.

Als lebenslängliche „Blaukreuzlerin" liebe ich natürlich die Wirte und ihre Gäste. Beim Betreten eines Gasthauses ruft mir der Wirt entgegen: „Auf Sie habe ich schon gewartet. Sie singen doch wieder?" „Ich bin durch die Welt gegangen" wird angestimmt. Dann erkläre ich den Text. Ein junger Mann bittet: „Geben Sie mir nicht nur so ein Blättchen, sondern ein ganzes Buch. Ich habe abends viel Zeit zum Lesen." Dann sprechen wir über die Wiederkunft Jesu. Ich lese entsprechende Bibelstellen vor. Es ist still wie in einer Kirche; auch im Nebenzimmer hören alle zu. Schließlich werden Fragen gestellt. Alles kommt an die Reihe, von: Wo hatte Kain seine Frau her? bis: Was war zuerst: Huhn oder Ei? Es ist wie bei einer Jugendfreizeit. Der Wirt zeigt lebhaftes Interesse: „Ich möchte wie Sie meinen fragenden Gästen auch schwarz auf weiß antworten können. Bringen Sie mir eine Bibel mit, wie Sie eine haben. Für mich selbst möchte ich sie auch besitzen."

„Du hast die Herzenssaiten
mir siegesfroh gestimmt.
Hell tönt's in allen Weiten,
daß jeder Dich vernimmt.

Ich singe Deine Taten,
die Lieb von Golgatha,
bis sprießt aus allen Saaten
ein froh Halleluja!"

(Nach Psalm 57,8)

Bauarbeiter sollen Bauleute Gottes werden

Einem Arbeiter auf der Baustelle sage ich das Schönste: „Gott hat Sie lieb!" „Woher wissen Sie das?" fragt er überrascht zurück. „Weil Gott Ihnen seinen Sohn schenkte, ihn am Kreuz verbluten ließ, um Sie zu retten. Jesus hat sein Leben für Sie eingesetzt! So lieb hat er Sie!"

Ein junger Mann wehrt lächelnd ab: „So was gibt's ja gar nicht. Gott, Jesus haben noch nie gelebt!" Ich schaue ihn fest an und frage nach seinem Konfirmationsspruch, den er ohne lange nachzudenken weiß: „Psalm 23,1 und 2." „Darüber schreibe ich Ihnen einen erklärenden Brief. Geben Sie mir Ihre Adresse." Er bekommt den Brief und ein Buch. Beim nächsten Mal ist er still und hört zu.

Mittags bringe ich den Arbeitern Äpfel zum Butterbrot. Erfreut danken alle. Auch eine Schallplatte unserer Hamburger Zigeuner-Geschwister habe ich mitgebracht; einige hören zu, andere laufen weg, weil sie nicht glauben können, daß Jesus aus Betrügern ehrliche, zuverlässige Menschen machen kann, denen das Glück aus den Augen strahlt.

Als sie wieder einmal mittags ihre Butterbrote auspacken, erinnere ich sie daran, daß *Gott* uns am Leben erhält. Kurz danke ich im Gebet für das Essen. Einer verschluckt sich und prustet los: „Das kommt vom Beten!" „Nein, vom Nichtbeten; ich bete, ohne mich zu verschlucken", entgegne ich.

Als ich weiterfahren will, entdecke ich, daß jemand mein Rad mit Draht festgebunden hat. Nur mit einiger Mühe bekomme ich es wieder los. Natürlich nützt es nichts, zu schimpfen. Wir dürfen alles *überlieben*, was wir hören, sehen, riechen. Wehrlose Liebe ist die wirksamste Waffe. Bei meinem folgenden Besuch hören alle zu, sind sehr höflich und freundlich. Einer bittet: „Kommen Sie doch morgen wieder in unsere Pause!" Ein anderer erzählt von seinen Nöten, ein dritter möchte eine Zigeunerschallplatte. Es wird viel für diese Männer gebetet. Das ist zu spüren.

Der Schachtmeister einer anderen Gruppe schaut weg, wenn er mich sieht, brummt und schimpft. „Im Innern sieht es ganz anders bei Ihnen aus!" rufe ich hinüber. „Sie kennen mich doch nur böse", brummt er. „Ich sehe Sie anders, als ich Sie höre", erwidere ich und lege in beide Bauwagen Traktate. O daß doch die Bauarbeiter zu Bauleuten Gottes würden!

Herzliche Einladung

„Ladet zur Hochzeit, wen ihr findet!“

(Matthäus 22,9)

„Jesus starb für mich, Jesus starb für dich!“ tönt es laut am Karfreitagmorgen über den kleinen, verschlammten Platz mit den vielen Pfützen. Einige Schausteller haben hier Quartier bezogen. „Keine Zeit!“ wehren die Vielbeschäftigten ab. Sie putzen die kleinen Pferde, reiben Wagen blank, malen Schilder. Das Lied „Fragst du gar nichts danach, daß der Herr für dich starb?“ lockt Klaus herbei. „Ich bin erst einige Wochen hier angestellt und möchte so gern sonntags zum Gottesdienst gehen“, sagt er. „Aber immer wenn ich zur Kirche möchte, gibt mir mein Chef irgendeine Arbeit. Darf ich ein Neues Testament haben?“

Der Mann hinter den „gebrannten Mandeln“ hört sich meine Rede skeptisch an. „Ich kann das alles nicht glauben!“ Aber seine Augen verraten, wie sehr er im Grunde den Heiland braucht. Schließlich seufzt er: „Wenn ich das doch auch glauben könnte!“

Morgens beim Blätterverteilen treffe ich einen jungen Mann mit übernächtigtem Gesicht, in der Hand eine Bierflasche. Als er meine Traktate sieht, sagt er: „Von jetzt an trinke ich nichts mehr!“ „Das ist ein männliches Wort“, erwidere ich fröhlich, „dann kann ich ja die Flasche nehmen und den Inhalt ausschütten.“ „Nein,

nein!", wehrt er ab, „das Bier habe ich bezahlt!" „Sie sagten aber, jetzt trinke ich nichts mehr. Ich nehme Sie ernst." Verblüfft sieht er, wie die Flasche den Besitzer wechselt und das Bier ausfließt. Wenn ich jemandem etwas nehme, muß ich ihm etwas Besseres dafür geben. So kaufe ich im nahen Metzgerladen ein halbes Pfund Schwartenmagen. Der Junge lächelt befriedigt, als ich ihm die Wurst in die Hand drücke. „Das esse ich gern!" strahlt er. Nun ist er offen für die Botschaft.

Sonntags dürfen keine Lastautos fahren; erst ab 22 Uhr ist die Straße für sie freigegeben. Kurz vor dem Start der Lastzüge finde ich mich beim Spediteur ein. Die Fernfahrer beenden gerade die letzten Vorbereitungen und wollen einsteigen. Als sie mich bemerken, warten sie.

„Ihr habt einen versuchungsreichen Beruf. Was lest ihr? Wie und wo verbringt ihr eure freie Zeit? Wer betet für euch?" Ernst hören sie von der freimachenden Gnade und der Geborgenheit in Jesus. Wir falten zusammen die Hände; sie drücken mir die Hand und brausen los in die Nacht.

Als ich wie schon oft meine christlichen Blätter in der nahen Gaststätte abgebe und danach wieder gehen will, sagt die Wirtin erstaunt: „Sie wollen doch nicht gleich wieder fort, noch ehe Sie uns ein Lied gesungen haben?" Mein Lied „Jesus enttäuscht uns nie!" spricht die enttäuschten Herzen an. Dann erzähle ich ihnen von meinen eigenen Erlebnissen mit Jesus. Gespannt hören sie zu. Die Wirtin paßt auf, daß alle Gäste ein Blatt bekommen. – Einer an der Theke macht mich auf seinen Nachbarn aufmerksam: „Der hat's nötig!" Sie bekennen immer lieber die Sünden der andern, statt die eigene Schuld. Aber der Heilige Geist überführt jeden einzelnen!

Als alle wissen, wie sie in den Himmel kommen können und ich gehen will, weist mir der Wirt den Weg zur Kegelbahn: „Da sitzen Berufstätige beim Abendessen." Die Mädchen dort nehmen Blätter an und hören von dem Weg zum Leben. Sie sollen Lust bekommen, es mit Jesus zu wagen.

Ich habe die Gewohnheit, mich im Bus neben den Schaffner zu setzen und meine Lieder zu lernen. Wenn ich fertig bin, kann sie der Schaffner auch. Ich singe also eine halbe Stunde lang „Jesus enttäuscht uns nie", bis alle drei Verse „sitzen".

Nach Wochen bittet mich der Schaffner: „Singen Sie doch noch einmal das schöne Lied vom letzten Mal!"

Gern erfülle ich ihm diese Bitte. Anschließend möchte er mehr von Jesus hören. An der Endstation läßt er alle Fahrgäste aussteigen. Zu mir sagt er: „Erzählen Sie mir noch etwas!", und als der Bus weiterfahren muß: „Bitte, fahren Sie noch mal eine Runde mit, eine halbe Stunde hin, eine halbe Stunde her, und sagen Sie mir noch mehr von Jesus." „Gern", erwidere ich. Ich gebe ihm meinen Fahrschein zum Knipsen. „Nein, das soll Sie doch nichts kosten!" „Aber ich kann doch meine Missionsreise nicht mit Betrug beginnen, der Bus gehört doch nicht Ihnen." Das sieht er ein und knipst meinen Fahrschein. Nur an den Haltestellen, wo der Schaffner seine Arbeit tun muß, werden wir unterbrochen. Ich rede laut. Es ist wie bei einer Evangelisation; keine Unterhaltung, gespannte Aufmerksamkeit bei allen Fahrgästen. Mit herzlichen Worten verabschiedet mich der Schaffner an der Endstation.

„Mein Herz gehört dem Heiland
und dient nur Ihm allein.
Er ist mir Rat und Beistand
– sollt ich nicht fröhlich sein?
Er weckt mich alle Morgen
mit neuer Lieb und Güt.
Er sorgt für meine Sorgen,
beschenkt Herz und Gemüt."

(Nach Psalm 100,2)

Gott ist an der Arbeit

„Das ist meine Freude, daß ich mich zu Gott halte und meine Zuversicht setze auf den Herrn, daß ich verkündige all sein Tun."

(Psalm 73,28)

Auch die Literatur verkündigt Gottes Tun, besonders die vielen Kalender, welche die Leser durch das ganze Jahr begleiten sollen. Etwa vierhundert Kalender geben wir bei Industriebetrieben und öffentlichen

Dienststellen ab, und weitere hundert werden an Zirkus- und Kirmesleute versandt. Ein Pförtner bemerkt: „Wir haben hier nur rauhe Jungs!“ „Da habe ich gerade den richtigen Kalender“, erwidere ich, „er spricht die rauhen Jungs an.“ – Eine Pförtnerin freut sich sichtlich. Sie ist in Trauer und offen für den wahren Trost. Wir falten die Hände. – In einem anderen Büro warten sie anscheinend schon. „Endlich kommen Sie! Setzen Sie sich hin, singen Sie ein Lied und sagen Sie uns was!“ Alle hören gespannt zu. „Kommen Sie doch öfters im Jahr, nicht nur, wenn Sie den Kalender bringen.“

Für Jesus unterwegs

Überfüllte Bierstube. Der Wirt hört interessiert, daß ich singen will. „Ich gehöre zum Gesangverein Konkordia!“ sagt er. Erstaunt schaut er dann das Liedblatt an, das ich an alle verteilt habe.

„Gott ist die Liebe“ und „Ich bin durch die Welt gegangen“ können sie, ohne zu üben. Sie haben Zeit, acht Lieder zu lernen. Zwischen den Liedern hören wir passende Gottesworte. Der Wirt vergißt das Verdienen, die Gäste den Durst, und jeder Neuangekommene macht mit.

In der Nische einer anderen Gaststube schauen ein

paar jugendliche Gesangvereinsmitglieder erstaunt auf, als ich grüßend Blätter verteile. Gelächter, spöttische Bemerkungen, die aber sogleich verstummen, als einer aus der Gruppe schreit: „Ruhe! Ich will was hören!" „Dir fehlt wohl noch der Friede?" singe ich. Anschließend hören sie einige Gottesworte, ehe die Debatte losbricht. Während ich allen zum Abschied die Hand drücke, ruft mir jemand von der Theke ermunternd zu: „Es bleibt immer was hängen!"

Weil die Burg Satans auf meines himmlischen Vaters Grundstück steht, packe ich deutsches und englisches Schriftgut für die Nachtbar ein. Bei meiner Ankunft dort sind die Tische voll besetzt. Nachdem alle Soldaten englische Evangelien oder deutsche Blätter angenommen haben, setze ich mich zwischen junges Volk und erzähle ihnen von der großen Freude.

„Gibt's denn das?" „Wer ist denn noch froh?" Die jungen Männer geben mir ihre Anschriften. Sichtlich tut es ihnen gut, daß sich jemand um ihre Seele kümmert. Ungehindert gehe ich von Tisch zu Tisch, Hunger nach Freude und Leben auf allen Gesichtern. Da fällt mir eine Dirne um den Hals: „Ich bin doch die Dagmar! – O Schwester Berta, singen Sie uns ein Lied!"

Sie führt mich in einen Raum, der nur von vier kleinen, roten Birnchen erleuchtet ist.

„Halte ein und überlege, Dagmar, sag, wo willst du hin?" singe ich. Stille ringsum.

„Ich bin auch hier, die Maria!" tönt es aus dem Dunkel, „singen Sie noch ein Lied." Das Lied „Jesus enttäuscht uns nie!“ bewegt ihre Herzen. Die Bedienung, ein junges Mädchen mit leidvollen Zügen, gibt mir ihre Adressse, um weiter versorgt zu werden. Alle Mädchen bekommen ein Buch. Der Herr führe sie von Leidenschaft zur Freudenschaft!

Der Herr hat unsere Nachtgespräche gehört; alle Dienste ruhen in seinen Gnadenhänden. Sein rettender Hirtenruf übertönt alle Schlager. Auf die Burg Satans gehört die Siegesfahne von Golgatha!

Die Freude am Dienst darf aber nie meine Stärke werden. Darüber wacht der Herr in eifersüchtiger Treue. Wenn der Gefahrenpunkt herannaht, schenkt er mir Grippe oder eine ähnliche Bremse, damit ich zur Besinnung komme. So erhält er mich in der „ersten Liebe“, und allezeit darf ich jubeln: „Die Freude *am Herrn* ist meine Stärke!“

Der ewig reiche Gott

Er ist mein Gott, ich bete an (Psalm 95,6).
Er ist mein Herr, ich diene (Jesaja 45,5).
Er ist mein Leben, ich sterbe nicht (Joh. 11,25.26).
Er ist mein Licht, ich leuchte (Joh. 8,12).
Er ist meine Kraft, ich überwinde weit (Hab. 3,19).
Er ist mein Fels, ich stehe (Psalm 40,3).

Er ist meine Zuflucht, ich bin geborgen (Psalm 90,1).
Er ist mein Weg, ich folge (Joh. 14,6).
Er ist mein Retter, ich bin errettet (Psalm 18,3).
Er ist mein Brot, ich esse (Joh. 6,48).
Er ist meine Quelle, ich trinke (Psalm 36,10).
Er ist mein Friede, ich bin zufrieden (Eph. 2,14).
Er ist meine Freude, ich bin froh (Psalm 43,4).
Er ist mein Trost, ich bin getröstet (Psalm 73,26).
Er ist meine Weisheit, ich bin weise (1. Kor. 1,30).
Er ist mein Heil, ich bin heil (Psalm 27,1).
Er ist meine Gerechtigkeit, ich bin gerecht (1. Kor. 1,30).
Er ist meine Heiligung, ich bin heilig (1. Kor. 1,30).
Er ist mein Arzt, ich bin gesund (2. Mose 15,26 u. Psalm 103,3)
Er ist mein Rat, ich bin beraten (Jesaja 9,5 u. 28, 29).
Er ist mein Hirte, mir mangelt nichts (Psalm 23,1).
Er ist mein Helfer, mir ist geholfen (Psalm 40,18).
Er ist meine Liebe, ich liebe (1. Joh. 4,16).
Er ist meine Heimat, ich bin zu Hause (Römer 8,17).
Er ist mein Schmuck, ich bin schön (Psalm 93,1 u. Hes. 16,14).
Er ist mein Erbgut, ich bin versorgt (4. Mose 18,20).
Er ist meine Versöhnung, ich bin versöhnt (1. Joh. 2,2).
Ich bin sein. Er ist mein,
niemand kann uns scheiden!

Ungewollter Segen

Wenn ich in der Strafanstalt in Butzbach bin, darf ich immer über die Haussprechanlage predigen. Ich spreche eine Botschaft auf Band, die dann am Samstagabend in jeder Zelle gehört werden kann. Dabei nenne ich auch meine Adresse und freue mich, wenn ich von einem der Gefangenen eine Antwort bekomme.

Da schrieb mir ein Gefangener: „Liebe Schwester Berta! Ich drehe am Samstagabend immer den Lautsprecher ab. Da reden die Pfarrer, und ich will keinen Pfarrer hören. Aber weil ich am letzten Samstag gerade auf der Toilette war, konnte ich das Gerät nicht abstellen. Da mußte ich wohl oder übel Deine Sendung anhören. Und dann hast Du geredet, liebe Schwester Berta, so ganz anders. Ich bin in Heimen großgeworden und wurde gezwungen, in die Kirche zu gehen. Wenn wir nicht zuhörten, wurden wir bestraft. Darum hasse ich den Zwang."

Heute ist es nun so, daß dieser junge Mann zum Gottesdienst und auch in die Bibelstunde geht und seine Bibel liest. Jetzt hat er gemerkt, wie anders das Evangelium ist, als er es sich immer vorstellte.

Ein gesegneter Streich

Einmal wollte mir jemand einen bösen Streich spielen. Da klingelte kurz vor Weihnachten bei mir zu Hause das Telefon. Eine Männerstimme fragte: „Könnten Sie morgen im Kinderheim in Siegen eine Kinderstunde halten?"

„Ja, das kann ich, und das will ich auch gern tun", gab ich zur Antwort.

Ich war der Meinung, daß es in Siegen nur *ein* Kinderheim geben würde. Am nächsten Tag fuhr ich also mit einem Taxi nach Siegen. Im Kinderheim sagte man mir: „Wir haben Sie nicht bestellt. Hier können Sie nicht sprechen."

Nun hatte mich ein Gefangener, der epileptische Anfälle bekommt, gebeten, ihm einen elektrischen Rasierapparat zu besorgen. Weil in der Nähe des Kinderheimes gerade ein Elektrogeschäft war, ging ich hinein. Man hatte dort tatsächlich einen Apparat vorrätig. Die Verpackung war etwas verblaßt und unansehnlich geworden, und ich bekam ihn zum halben Preis.

Mit einem anderen Taxi fuhr ich dann zum zweiten und zum dritten Kinderheim. Aber nirgendwo wurde ich erwartet. Im dritten Kinderheim sagte eine Frau zu mir: „Vielleicht hat jemand Ihnen einen bösen Streich gespielt." Und so war es auch.

Am nächsten Tag bekam ich einen weiteren Anruf: „Wie war es denn gestern im Kinderheim?" Die wollten doch tatsächlich wissen, ob ich auf ihren Streich hereingefallen war. Ich sagte dem Anrufer: „Es war gestern ganz großartig! Ich konnte allen Taxifahrern von Jesus sagen, konnte mit ihnen beten und ihnen Bücher geben. Und ich habe bei der Reise auch einen guten Rasierapparat ganz billig bekommen für einen kranken Gefangenen. Aber wenn Sie mich noch einmal zu einem Dienst bestellen wollen, dann rufen Sie unseren Missionsleiter Fehler von der Süd-Ost-Europa-Mission an."

Im Schnellzug muß man schnell auf Jesus zu sprechen kommen

Unterwegs nach Kassel. Auf dem Bahnhof in Siegen entdecke ich eine Marburger Diakonisse. Ich denke: „Die kennst du vielleicht", und gehe zu ihr hinüber. Wir begrüßen uns herzlich. Dann überlege ich: „Jetzt fährt diese Schwester mit dir bis nach Marburg, aber du willst doch Menschen von Jesus sagen. Die Schwester gehört ja schon dem Heiland, und ihre Begleiterin bringt sie sicher nur bis zum Zug."

Deshalb steige ich als erste in den Zug und renne voraus. Gleich im ersten Abteil sitzt ein Mann in der Ecke. „Da gehst du hinein", denke ich. „Die Schwester kommt sowieso nach. Ich will diesem Mann etwas von Jesus sagen."

Aber sehr bald stellt sich heraus, daß der Mann auch ein Christ ist. In unserem Abteil kennt nur die Frau, die nun doch mit der Schwester eingestiegen ist, den Heiland noch nicht. Als der Mann mir gegenüber eine Unterhaltung beginnen will, sage ich deshalb zu ihm: „Einen Moment, jetzt muß ich erst mit der Frau sprechen, die Ihnen gegenübersitzt. Wir drei hier sind Gotteskinder, aber diese Frau hat noch keinen lebendigen Heiland. Darum muß ich erst mit ihr reden und ihr den Weg zeigen."

Und dann kann ich in Ruhe mit dieser Frau sprechen. Zuletzt beten wir noch miteinander. So plant Gott die Begegnungen. Der Herr macht Programm.

Bei einer anderen Reise im Schnellzug steigt ein junger Mann ein, hebt seinen Koffer ins Gepäcknetz und sagt dabei: „Ich will zur Kur!"

„Haben Sie auch Ihr Neues Testament dabei?" frage ich.

„Nein."

„Wie können Sie nur so verreisen, den Koffer voller Sachen, und doch das Wichtigste vergessen! Geben Sie mir bitte Ihre Kuradresse; ich sende Ihnen ein Neues Testament."

Er gibt mir die Adresse und hört von der Bedeutung des Wortes Gottes. Dann falten wir die Hände und beten.

Nach Monaten überrascht mich ein Brief von ihm. „Das Neue Testament, das Sie mir in die Kur sandten, habe ich nur so verschlungen."

Ich wußte bei unserer Begegnung nicht, daß er Leiter einer christlichen Jugendgruppe war, der den letzten Schritt zu Jesus noch nicht getan hatte. Ehre sei dem Herrn!

Im Eilzug verteile ich „Ein Brief für Dich". Ich bemerke stets dazu: „Mit diesem Brief ist Gottes Wort gemeint." Eine Frau antwortet: „Ja, wenn das nur alle Menschen wüßten!" Meine Frage: „Sind Sie ein Gotteskind?" bejaht sie fröhlich. Wir begrüßen uns; dann sagt sie: „Da gibt es doch eine Berta Isselmann. Sie muß hier ganz in der Nähe wohnen. Schon jahrelang möchte ich diese Frau kennenlernen. Ich habe mir fest vorgenommen, sie auf dem Rückweg zu besuchen."

Wie groß ist ihre Überraschung, als ich mich zu erkennen gebe! Sprachlos schaut sie mich immer wieder an. Wir begrüßen uns noch einmal sehr herzlich, singen zusammen und falten die Hände. Zahlreiche Spruchkarten von mir steckt sie beglückt ein.

Nachdem sie ausgestiegen ist, habe ich einen guten Anknüpfungspunkt zum Gespräch mit den Mitreisenden. Denn alle im Abteil haben miterlebt, welch eine Freude es ist, zur Familie Gottes zu gehören. Ich denke, daß niemand von den Mitreisenden diese Fahrt so schnell vergessen wird.

Kürzlich fuhr ich wieder einmal mit dem Zug in Richtung Kassel. Im Abteil saß mir eine Frau gegenüber mit einem düsteren Gesichtsausdruck. Sie war so sehr traurig.

Ich erzählte ihr von meinem großen Glück. Sie sagte: „Ach, ich muß zu einer Kur. Ich habe so viel Schweres im Leben mitgemacht und bin schweren Herzens von zu Hause weggegangen. Ach, es ist ganz schrecklich!“ Sie klagte und jammerte.

Ich erzählte ihr von der lebendigen Hilfe. Jesus ist nicht nur der Helfer; er ist die Hilfe in Person. Er ist nicht nur der Retter, sondern die Rettung selbst.

Die Frau gab zur Antwort: „Der Pfarrer hat mir für die Zeit der Kur die Losungen mit den Erklärungen mitgegeben.“ Ich sagte: „Haben Sie denn auch Ihr Neues Testament mitgenommen?“

„Nein“, sagte sie.

„Wie schade! Wie jammerschade!“ entgegnete ich.

Die Frau fing dann an zu erzählen, wie gut sie doch sei und wie fromm. Ich versuchte ihr zu erklären: „Ob eine Lichtleitung viel oder wenig unterbrochen ist, spielt keine Rolle: Wenn der Strom fehlt, brennt die Lampe nicht.“ Ich wollte ihr klarmachen, daß ihr die nötige Verbindung zu Jesus fehlte, doch sie hörte gar nicht richtig zu.

Da ging plötzlich die Abteiltür auf, und fünf Jungen im Alter von etwa fünfzehn Jahren kamen herein. „Wir haben gedacht, ob das nicht die Schwester Berta ist“, sagte einer. „Ich will doch mal nachsehen, was auf dem Koffer steht“, meinte ein anderer. Und was stand da? „Das Licht der Gerechten brennt fröhlich!“

„Ja, es ist die Schwester Berta!“ – So kamen die fünf angestürmt. Und einige fingen an zu erzählen: „Schwester Berta, Sie waren doch neulich abends bei uns in der Jugendstunde.“ Und dann erinnerten sie sich an das, was sie noch behalten hatten. Das war ganz wunderbar. Die Frau hörte und staunte über die fünf strahlenden Gotteskinder. Als sie in Marburg ausgestiegen waren, sagte ich zu der Frau: „Haben Sie etwas gemerkt?“

Ja, sie hatte etwas gemerkt. Der Herr hatte die fünf Jungen geschickt für diese Frau. Da brauchte ich nicht mehr viel zu sagen. Sie hatte gemerkt: Was diese fünf Jungen haben, das eben fehlt mir. Und jetzt geschah es, daß diese Frau auch reich wurde. Sie faltete die Hände und betete: „Herr Jesus, nimm mich doch an!“ Und sie bat den Herrn Jesus um die Verbindung mit ihm. Und weiter betete sie: „Ich will dir ganz gehören. Hier hast du mich. Nimm mich jetzt an!“

Die Frau hatte ihre geistliche Wiedergeburt auf der Reise zur Kur im Eisenbahnabteil erlebt. Wodurch? Durch die fünf Jungen. Der Herr, der Programm macht, hatte sie zu mir gesandt, damit sie mir und der Frau helfen durften.

Dieses Erlebnis hat mich auch selbst sehr erfreut. Beim Abschied gab mir die Frau einen Kuß und sagte: „Wie schweren Herzens bin ich doch von zu Hause weggegangen, und wie bin ich jetzt so erleichtert!“

Sie strahlte. Und dabei hatte ich doch gar nichts oder nur wenig getan. Der Herr hatte es getan durch den Heiligen Geist und durch das strahlende Zeugnis der fünf jungen Gotteskinder.

Die stärkste Partei

In der Nachtbar gehe ich von einem Tisch zum andern und verteile Blätter. Ich frage einen jungen Mann: „Können Sie morgen besser arbeiten, wenn Sie heute nacht hier gewesen sind? Können Sie morgen besser die Wahrheit sagen? Sind Sie morgen dankbar für diese Nacht?"

„Oh, Sie reden aber!" antwortet er.

Ich erwidere: „Welchen Vorteil, welchen Gewinn haben Sie davon, daß Sie hier sind?" Er fängt vielleicht zum erstenmal an, darüber nachzudenken.

Einen anderen jungen Mann frage ich: „Tun Sie immer, was Sie gern möchten – oder tun Sie Dinge, die Sie gar nicht wollen, die Ihnen hernach leid tun? Oder sagen Sie etwas, was sie nachher bereuen? Wie kommt das? Da muß doch einer sein, der Ihnen Böses will, der Ihnen ins Herz gibt, was Sie *nicht* tun wollen und was Sie auch nicht für gut finden."

Er kommt zum Nachdenken.

Der Teufel ist natürlich stärker als der Mensch. Aber Jesus ist der Sieger. Er hat den Teufel besiegt; darum braucht keiner mehr dem Besiegten zu dienen. Wir dürfen und wollen dem Sieger dienen! In einem Vers habe ich es oft so gesagt:

„Jesus und ich – wir zwei –
sind immer die stärkste Partei!"

Mit dem Herrn Jesus Christus bin ich immer in der Mehrheit!

Vor lauter Freude keine Zeit zum Ärgern

Ich habe vor lauter Freude keine Zeit, mich zu ärgern. Trotzdem versuchen es manche Menschen. Da läutet neulich bei mir das Telefon. Als ich den Hörer abnehme, sagt eine Männerstimme am anderen Ende der Leitung ganz ernst und feierlich: „Die Bundeswehr läßt Ihnen sagen, Sie möchten sich vor negativen Strahlen hüten."

Nun hätte ich mich ja bedanken können für die Fürsorge der „Bundeswehr". Aber ich gebe dem Anrufer zur Antwort: „Ich lebe nur von den positiven Strahlen der Sonne Jesu. Deshalb können mir negative Strahlen nicht schaden."

Der Gottesweg heißt Jesus

Die Wohnwagen in Köln, die ich besuchen will, stehen am „Gottesweg". Ich sitze in der Straßenbahn und fahre zum Missionseinsatz dorthin. Zum Schaffner sage ich: „Wenn die Bahn gleich hält, dann rufen Sie: ‚Gottesweg!' Wissen Sie denn, wie der Gottesweg heißt?" Er sieht mich erstaunt an. „Ich will es Ihnen sagen", fahre ich fort. „Der Menschenweg heißt ‚Religion', brav sein und gute Werke tun. Viele meinen auch, daß man durch Taufe, Konfirmation und Teilnahme am heiligen Abendmahl ein Christ würde. Doch der Weg führt nicht von unten nach oben, sondern von oben nach unten. Der Herr Jesus Christus ist der lebendige Weg zu Gott." Weiter sage ich zu dem Schaffner: „Sie können statt ‚Gottesweg' auch ‚Jesus' rufen, wenn die Bahn gleich hält. Jesus ist nämlich der ‚Gottesweg'."

Der Mann wird in Zukunft ganz sicher nicht mehr „Gottesweg" rufen, ohne an Jesus zu denken. – Ich habe dann in der Straßenbahn so lange über den Gottesweg Jesus gepredigt, bis die Bahn hielt und der Schaffner rief: „Gottesweg!" Jetzt wissen die Leute alle Bescheid: Der Weg zu Gott heißt Jesus.

„Lockführer"

Im Schienenbus sitzt mir ein Mann gegenüber, der mir stolz berichtet: „Ich bin Lokführer."

„Das stimmt doch nicht", erwidere ich ihm. „Sie sitzen nur vorn; erst wenn Sie Jesus annehmen, dann *lokken* und *führen* Sie die Menschen zum richtigen Ziel. Dann sind Sie ein richtiger ‚Lockführer'. Der Weg ist Jesus. Ich wünsche Ihnen, daß Sie ein richtiger ‚Lockführer' werden und viele Menschen zu Jesus locken."

Der rechte Weg

In einer Ansprache über Psalm 23,3 sagte Schwester Berta folgendes:

Wichtig ist, daß wir uns nicht wichtig nehmen. Gott nimmt *uns* wichtig, und wir sollen die *anderen* wichtig nehmen. Wir sollen und dürfen uns gegenseitig blank – aber nicht wundreiben. Das Lob sollen wir schlucken und den Tadel nicht spucken. Wir sollen den untersten Weg gehen, wo es keine Zusammenstöße und keinen Gegenverkehr gibt. Deshalb ist der unterste Weg immer der sicherste. Wenn dieser Weg auch steil ist, ja steinig und dornig, so ist er doch nicht glitschig. Wir brauchen nie abzugleiten, wenn wir auf diesem rechten Weg sind.

Er *führt* auf rechter Straße. Gott stellt mich nicht nur darauf und sagt: So, jetzt bist du richtig; sieh zu, wie du ans Ziel kommst. Nein, er geht selbst voran. Und von allen Seiten umgibt er mich und hält seine Hand über mir (Psalm 139,5). Auf diesem rechten Wege werde ich geleitet. Seine Herrlichkeit geht voran. Wir fühlen uns dann immer wohl in der gegenwärtigen Herrlichkeit; d.h. in der Lebensverbindung mit Jesus. Stets schöpfen wir aus seinem Wort und lesen darin von der zukünftigen Herrlichkeit. Die kann ich nicht beschreiben; aber ich weiß, daß ich sie einmal sehen darf. Unser Heiland Jesus Christus betet im Hohepriesterlichen Gebet: „Vater, ich will, daß wo ich bin, auch die bei mir seien, die du mir gegeben hast, daß sie meine Herrlichkeit sehen, die du mir gegeben hast"

(Joh. 17,24). Welch wunderbarer Weg! Welch herrliches Ziel!

Der Herr macht Programm in Zeiten der Not

Es war in der Zeit des Hitlerreiches. Da mußte ich wie alle Musiklehrer meine Schüler wegschicken und praktisch arbeiten. So ging ein Klavierlehrer zur Arbeit in die Fabrik; eine Klavierlehrerin fand bei einem Handwerker Arbeit. Doch mich wollte keiner einstellen. Wo ich mich auch bewarb, immer hieß es: „Sie sehen ja viel zu schlecht. Wir können Sie nicht gebrauchen. Wir brauchen Leute, die gute Augen haben." Ich versuchte, im weiten Umkreis meines Wohnorts Arbeit zu finden, doch vergeblich. Selbst im näheren Bekanntenkreis sagte man mir: „Mit so schwachen Augen kannst du nicht bei uns arbeiten." Also keine Schüler mehr, aber auch keine andere Arbeit!

Da las ich in Psalm 28,7: „Der Herr ist meine Stärke und mein Schild; auf ihn hofft mein Herz, und mir *ist* geholfen. Und mein Herz ist fröhlich, und ich will ihm danken mit meinem Lied."

So betete ich: „Vater, da steht doch: Mir *ist* geholfen."

Gegen Abend läutete das Telefon. Eine Frau vom

Arbeitsamt fragte mich: „Haben Sie inzwischen Arbeit gefunden?“

„Nein“, erwiderte ich. „Mit meinen schlechten Augen will mich niemand.“

Die Frau vom Arbeitsamt sagte: „Ich habe selbst schwere Magenkrämpfe; ich kann nichts mehr für Sie tun. Dann unterrichten Sie halt weiter!“

Noch am selben Abend kam vom Amt in Kreuztal telefonisch die offizielle Mitteilung: „Sie dürfen weiter als Klavierlehrerin unterrichten!“

Denkt nur: Ich als einzige konnte in meinem Beruf weiterarbeiten. „Mir *ist* geholfen“, das durfte ich allen froh bezeugen.

Immer wieder in kritischen Zeiten und schweren Lebenslagen las ich in meiner Bibel: „Dir ist geholfen! Du bist gesegnet!“ So wurde ich im Hitlerreich einmal zur Gestapo bestellt und sollte mich dort wegen meiner Missionsdienste verantworten. Am Morgen las ich das Wort der Losung: „Durch meine Barmherzigkeit ist dir geholfen; durch meine Rechte bist du gesegnet.“ Wie froh und getrost machte ich mich auf den Weg zur Gestapo! Es ging wunderbar. Ich konnte dem SS-Mann fröhlich und ohne Furcht von Jesus sagen.

Das Wort Gottes sprach zu mir in schweren Stunden und zeigte mir den rechten Weg. Gotteskinder sind glückliche Leute. Als erlöste Kinder Gottes haben wir eine geordnete Vergangenheit, eine glückselige Gegenwart und die allerherrlichste Zukunft.

Wie der Schäferhund die Schafe

Ich packe die Menschen wie ein Schäferhund die Schafe. Neulich sitze ich ganz allein im Zugabteil. Ich will nur zwei Stationen weit. Da kommt ein Mann herein, ein altes, verkommenes Menschenwrack. Ich denke: „Den kannst du doch nicht so dasitzen lassen!" Deshalb biete ich ihm ein christliches Blatt an. Er sagt: „Ich kann nicht lesen."

„Aber lügen können Sie!" entgegne ich.

Er: „Ich bin Moslem!"

Ich: „Das ist auch gelogen. Aber nicht gelogen ist, daß Sie sehr, sehr unglücklich sind."

„Woher wissen Sie das? Riechen Sie das?"

„Ja", sage ich, „das weiß ich. Darum bin ich von meinem Fensterplatz zu Ihnen gekommen. Ich fahre allerdings nur zwei Stationen mit diesem Zug."

„Wie schade!" sagt er. Aber als ich zu ihm sage: „Ihnen fehlt der Heiland", da springt der Mann wütend auf, packt mich und wirft mich auf meinen Fensterplatz zurück.

Dieser Satz hat gesessen. Den wird er nie mehr los. Ich meine nicht, daß die Leute sich alle freuen sollen, wenn ich von Jesus zu reden beginne. Das geht doch an das Innerste, an den Kern. Sie sollen ja zum Nachdenken kommen.

Eines Abends traf ich Berta Isselmann im letzten Bus, der kurz vor Mitternacht von Siegen nach Kreuztal fährt. Diesen letzten Bus nennt man wegen seiner oft seltsamen Fahrgäste den „Lumpensammler".

Gleich nach der Abfahrt fing Schwester Berta an, die Fahrgäste mit Lesestoff zu versorgen. Viele nahmen dankbar an. Aber dann kam sie zu einem bessergekleideten Herrn, der in meiner Nähe saß. „Ach, ich weiß doch, was drinsteht!" lehnte er ganz entschieden ab. Schwester Berta gab zur Antwort: „Mein lieber Mann, das freut mich. Aber Sie kennen doch sicher noch Menschen, die *nicht* wissen, was in den Blättern steht. Dann helfen Sie mit, daß auch diese Menschen es erfahren."

Die Brüder von der Landstraße

Wir dürfen freudig unser Zeugnis vom Heiland sagen, aber überzeugen, das tut der Herr. Als ich noch nicht gläubig war, kam ich viel mit dem Fahrrad herum und traf dabei oft Landstreicher oder Tippelbrüder. Ich stieg von meinem Rad ab, unterhielt mich mit ihnen und putzte ihnen die Schuhe. Dabei sagte ich zu den Brüdern von der Landstraße: „Wenn ihr ordentlich ausseht, bekommt ihr mehr."

Von der romantischen Seite her haben mich diese Leute schon immer interessiert.

Oder ich ging im Zirkus in die Tierschau. Wenn dann jemand aus fernem Land mit mir sprach, war ich glücklich. Ich hätte damals nicht geahnt, daß ich hier später eine Aufgabe haben würde. Der Herr heiligt auch unsere natürlichen Gaben und schenkt uns die Gnadengaben dazu.

Keine Zeit zum Zuschauen

Kürzlich erzählte mir eine ältere Frau ein Erlebnis, das sie mit Schwester Berta hatte:

An einem Vormittag gab es in der Nähe unseres Hauses einen schweren Verkehrsunfall. Ein verletzter Mann lag auf der Straße; er jammerte und stöhnte. In kurzer Zeit waren unzählige Menschen an der Unfallstelle, die alles neugierig beobachteten. Man wartete auf die Polizei und auf den Krankenwagen. Auch aus den offenen Fenstern erlebten viele das Schauspiel mit. Plötzlich kam Schwester Berta Isselmann auf ihrem Fahrrad angebraust. Sie rief mir zu: „Ida, darf ich mal mein Fahrrad in den Garten stellen?“ Dann eilte sie zu dem Schwerverletzten, der noch auf der Straße lag und jammerte. Schwester Berta kniete bei ihm nieder, redete freundlich mit dem Mann, tröstete ihn und betete mit ihm.

Als dann der Krankenwagen kam, hatte Schwester Berta ihre Mission erfüllt. Sie schwang sich wieder auf ihr Fahrrad und fuhr getrost weiter zu neuem Dienst für den Herrn Jesus.

Wie hat die Berta mich und andere sogenannte Christen beschämt! Wir wollten nur alles mitbekommen, aber die Berta tat den notwendigen Dienst des Tröstens.

Wenn Gott uns auf die Reise schickt

Meine Lieblingsstadt ist Budapest, die Hauptstadt Ungarns. Schon viermal war ich dort. Die Christen in dieser Stadt freuen sich immer, wenn ich komme. Beim letztenmal baten sie mich vor der Abreise: „Im nächsten Jahr kommst du doch wieder zu uns?"

Monate vergingen, und der Termin für die Zeit der Reise rückte immer näher. Mir wurde klar: Nein, es geht diesmal nicht. Ich muß Kohlen und Briketts bezahlen; ich habe für die Reise und den Aufenthalt dort einfach kein Geld. Ich will den lieben Christen in Ungarn abschreiben.

Ich setze mich also an den Schreibtisch und wollte den Gläubigen in Budapest schweren Herzens schreiben. Da läutete es an der Haustür, und ein mir bis dahin unbekannter Mann besuchte mich. Was brachte dieser Mann mit? Einen echten Goldbarren! Ich war völlig verblüfft. Ich hatte noch nie im Leben so etwas gesehen. Der Mann übergab mir das Gold mit einem Brief und sagte: „Lesen Sie den Brief, wenn ich wieder weg bin." Und so schnell er gekommen war, verschwand der Mann auch wieder.

Ich wußte nicht, wie mir geschah. Ich weinte. Meine Hauswirtin kam zu mir ins Zimmer und fragte aufgeregt: „Ist etwas passiert?"

„Nein", sagte ich. „Schau mal her und lies den Brief!"

Dann las die Frau: „Ich habe mehr Rente bekommen, als ich erwartet habe, und will nun einigen Reichsgottesarbeitern helfen. Dieses Gold hat einen Wert von ca. 2000 DM. Wenn Sie eine Privatrechnung zu bezahlen haben, dann tun Sie das zuerst."

Ich bezahlte also meine Heizrechnung, hatte genug Geld für die Reise nach Budapest und gab den Rest für die Missionsarbeit. Die zweitausend Mark waren so schnell weg, wie sie gekommen waren. Aber ich kann nur sagen: Wenn Gott uns auf die Reise schicken will, dann schenkt er auch das nötige Geld dazu. So wunderbar macht mein Herr Programm.

Das Eis schmilzt

Wenn wir uns als Christen gerufen wissen, die Liebe Gottes weiterzugeben, dann schenkt der Herr uns dazu große Möglichkeiten.

Vor einigen Jahren waren Zigeuner in Kreuztal mit etwa zehn Wohnwagen. Ich gehe an einem Abend immer um ihre Wagen herum und singe: „Gott ist die Liebe…“ Nichts rührt sich. Sonst kommen die Zigeuner gleich angerannt; hier bleiben die Türen zu. Trotzdem gebe ich nicht auf. Ich bete: „Herr Jesus, jetzt singe ich *dir* ein Loblied, einfach dir.“

Es wird dunkel, und ich singe immer noch. Da öffnet sich endlich eine Wagentür. Eine Zigeunerin kommt heraus und sagt: „Ich heiße Minna. Haben Sie eine Bibel für mich?“ Ich sage: „Ja, morgen bringe ich Ihnen eine mit.“ Und aus einer anderen Wagentür ruft jemand: „Haben Sie für mich auch eine?“

Wie gut, daß mein Geduldsfaden „himmlische Qualität“ hatte, daß ich nicht weggelaufen bin, sondern Ihm zur Ehre gesungen habe. Darum schenkte es der Herr, daß sich die Türen öffneten.

Am nächsten Abend komme ich mit den Bibeln. Minna ist nicht mehr so offen, weil ihr Mann neben ihr steht. Sie nimmt zwar die Bibel an, aber legt sie gleich wieder weg. Dann lade ich die Kinder ein. Sie kommen auch gleich, aber die Mütter rufen sie energisch wieder zurück.

Am Tag darauf bin ich wieder bei den Zigeunern. Ich sitze bei ihnen auf der Wiese und erzähle von Naeman, dem armen reichen, aussätzigen Feldherrn. Sie tun, als würden sie nichts hören. Ich denke: „Man sieht doch, daß dies hier ungarische Zigeuner sind. Sie müssen also mit denen verwandt sein, die ich in Frankfurt kennengelernt habe.“

„Wißt ihr, daß der alte Betti gestorben ist?“ frage

ich deshalb unvermittelt die Männer. „Betti tot?" fragen sie. „Ja", sage ich, „der alte Betti ist gestorben, und ihr seid doch mit ihm verwandt, auch mit dem Puro, mit dem Soni, mit der Malla und mit der Paprika." Plötzlich sind sie interessiert, und ich denke: „Diese Zigeuner haben noch nie Liebe von Deutschen erfahren. Sie haben nur das KZ kennengelernt, sonst nichts."

Am nächsten Abend fragt mich Minnas Mann: „Wie kommen wir am besten nach Meggen? Da wollen wir morgen hin." Ich bin froh, daß sie nach Meggen wollen, und beschließe, sie auch dort zu besuchen.

So fahre ich am nächsten Tag die dreißig Kilometer mit der Bahn nach Meggen. Bei meiner Ankunft strekken mir die Männer die Hände entgegen; die Frauen fallen mir um den Hals, und die Kinder kommen zu mir gerannt. Alle meinen, daß ich sehen will, wie es Minna geht. Sie ist schwer herzkrank. Deshalb wollte Minna auch eine Bibel haben. Minna lädt mich zum Essen ein, und ihr Mann bietet mir sogar das Fahrgeld an. Nun ist alles anders. Ich schreibe Minna noch ein Bibelwort vorne in ihr Neues Testament, und nachdem wir lange miteinander gesprochen haben, fahre ich froh und dankbar mit dem Zug nach Hause zurück. Seitdem habe ich diese Zigeuner nie wieder gesehen.

Ein Narr um Jesu willen

Vor einigen Jahren besuchte ich den alten Dr. Müller, der lange Jahre Pfarrer in Hilchenbach war. Fast erblindet sitzt er vor mir im Sessel. Wir kommen auf Schwester Berta zu sprechen. Mit Begeisterung erzählt der 88jährige Pastor:

Als Präses D. Hans Thimme noch Leiter des Predigerseminars in Bethel war, wollte er mit einer größeren Gruppe von Theologie-Studenten das geistliche Leben im Siegerland kennenlernen. Er fragte mich: „Was können wir den Studenten denn im Siegerland diesbezüglich bieten?" Ich nannte ihm einiges und sagte ihm dann: „Wir haben hier im Siegerland so ein Unikum Gottes, die Berta Isselmann. Sie ist Klavierlehrerin und Straßenmissionarin in einer Person. Vielleicht wäre das etwas für die Studenten der Theologie."

Der Sonntag kam, und es kamen auch die Studenten mit ihrem Rektor D. Hans Thimme. Abends sprach Berta Isselmann im Gemeindehaus der Kirche über ihre Arbeit in der Weltfirma „Hecken & Zäune". Die Studenten meinten nachher: „Wir haben an diesem einen Abend mehr an Praktischer Theologie gelernt als in den vielen Jahren des Theologiestudiums." Auch D. Thimme war beeindruckt: „Das hat mir gut gefallen. Die Frau hat den Mut, um Christi willen ein Narr zu sein."

„Ihr habt die falschen Mieter!“

Als wir vor Jahren unser kleines Haus gebaut hatten, waren wir froh, daß wir zwei kleine Zimmer „mit Frühstück“ an einzelne Personen vermieten konnten. Wie verschieden waren doch diese Gäste! Zuletzt hatten wir Mieter, die bei der Deutschen Bundespost beschäftigt waren, ordentliche Leute.

Als Schwester Berta bei einem Besuch in unserem Haus davon hörte, sagte sie zu mir: „Adolf, ihr habt die falschen Leute in euer Haus aufgenommen. Ihr dürft nicht die anständigen und ehrenwerten Leute aufnehmen, die kommen überall unter. Ihr müßt die Verbrecher und die verkrachten Existenzen beherbergen. An *diesen* Menschen habt ihr eine sehr wichtige Aufgabe zu erfüllen.“

Ich gab ihr zwar zur Antwort: „Liebe Berta, die Sorte, die du uns empfehlen willst, die hatten wir schon reichlich. Jetzt sind wir froh und dankbar, andere Gäste zu haben.“ Aber im Grunde mußte ich Schwester Berta doch recht geben.

Vor einer größeren Reise war ich zu einem kurzen Abschiedsbesuch bei Schwester Berta. Nachdem sie mir herzliche Grüße an viele Menschen aufgetragen hatte, mit denen auch sie innig verbunden war, sagte sie: „So, Adolf, dann wollen wir noch kurz beten.“ Wie kindlich, aber auch wie glaubensvoll betete Schwester Berta: „Ich danke dir, Vater, daß dein Gnadenwagen jetzt vor dem Adolf herfährt und ihn rechts und links umgibt. Amen.“

„Gebt ihr ihnen zu essen!“

Diese Aufforderung des Herrn Jesus an seine Jünger (Matth. 14,16) ist für uns ein unüberhörbares Missionskommando. Die Hungernden lagern sich heute zu Tausenden in Vergnügungsstätten, auf den Rummelplätzen, an Hecken und Zäunen, in Strafanstalten und überall um uns her. Sehen wir sie mit den Augen des Heilands? Jammert uns das Volk? Jesu Hände sind stets für uns zum Weitergeben gefüllt.

Heute besuche ich Strafentlassene. Leider treffe ich meinen Schützling nicht an. Ein Taxi bringt mich zum Bahnhof. Dieser Fahrer ist glücklich, von Jesus zu hören. Er sagt: „Solche Leute suche ich; wie gut, daß Sie mit mir fahren! Sagen Sie mir noch mehr.“ Er hört und hört, dankt besonders fürs Beten und begleitet mich in die Bahnhofshalle. Als ich auf dem Bahnsteig stehe, ruft mir jemand vom gegenüberliegenden Bahnsteig zu: „Der Hermann ist wieder in der Heilstätte. Besuchen Sie ihn!“

Also verlasse ich den Bahnhof, nehme wieder ein Taxi und fahre sofort zur Heilstätte. Natürlich fährt mich wieder der Otto, wie wir ihn nennen wollen. Otto will noch mehr von Jesus hören.

Hermann freut sich über meinen Besuch, und nicht nur er hört gut zu, sondern auch sein Pfleger. Beim Verlassen des Geländes ruft mir der Pförtner zu: „Otto hat angerufen. Sie möchten warten; er will Sie wieder fahren.“

Wie strahlt Ottos Gesicht, als er mich einlädt. Inzwischen wurde ich seine „Tante Berta" und er „mein Otto".

In einer anderen Stadt besuche ich verschiedene Lokale. Als ich „Gott ist die Liebe" singe, stimmt ein Wirt mit ein. Anschließend ruft ein Mann von der Theke: „Bitte noch ein Lied von Jesus!"

Im Nachbarlokal sitzen junge Leute beim Skat. „Wenn du Jesus kennst", singe ich. Weil sich einige Gäste in ihrer Unterhaltung nicht stören lassen wollen, ruft jemand vom Barhocker energisch: „Ruhe! Hört doch mal zu!"

Einen Wirt frage ich: „Können Sie mir bitte sagen, wie man in den Himmel kommt?" Er verneint und ist erstaunt, als er von Sünde, Gnade und Heilsgewißheit hört. Einige Männer an den Nachbartischen erheben sich interessiert, und schon ist die Evangelisation im Gange.

Vor dem Wohnwagenplatz lädt ein kleines Lokal zur Rast ein. Hier treffe ich einige Bekannte und setze mich an ihren Tisch. Die Musikbox verstummt. Die Wirtin sagt entschuldigend: „Wenn ich gesehen hätte, daß Sie kommen, hätte ich die Musik vorher abgestellt." Ich erzähle ihnen von Jesus, der allein unsern Lebenshunger stillt.

Als ich einen Wirt nach seinem Konfirmationsspruch frage, weiß er ihn noch: „Was hülfe es dem Menschen, wenn er die ganze Welt gewönne und nähme doch Schaden an seiner Seele." Er bedankt sich herzlich, daß ich ihm diesen Bibelvers erkläre. Ein Mann macht mich auf einen Gast aufmerksam, der gestern Geburtstag hatte. Er bekommt ein Gotteswort gesagt und ein Geburtstagslied gesungen, und ich bete mit ihm. Alle hören zu und sind ganz still.

Der Hauptgewinn heißt Jesus

Vor mir liegt eine Drucksache von der Lotterie. Eine wunderbare Gelegenheit zum Zeugnis. Ich schreibe einen Brief. Einer wird ihn bestimmt lesen, vielleicht der Chef oder die Sekretärin:

„Lieber Gehilfe des Glücks! Das möchten Sie ja sein, und darum werben Sie für Ihre Lotterie. Was Sie aber Glück nennen, zerrinnt uns unter den Händen. Glück ist, mit dem Willen Gottes in Einklang zu stehen. Wer Jesus als seinen Herrn und Heiland aufgenommen hat, steht auf der Gewinnliste. Mit dem Hauptgewinn *Jesus* ist alles gewonnen. ‚Es ist ein großer Gewinn, gottselig zu sein und sich genügen zu lassen.' Paulus schreibt sogar: ‚Jesus ist mein Leben, und Sterben ist mein Gewinn.' So kommt ein Jünger Jesu vom Gewinnen nicht mehr los."

Ich berichte dann weiter von Jesu Liebe und Siegesmacht und schließe mit den Worten: „Wenn Sie Jesus Ihr Herz öffnen, stehen auch Sie auf der Gewinnliste und sind ein rechter Gehilfe des wahren Glückes."

Hingehen und Fruchtbringen

Jesus spricht davon, daß auch die Füße, ja der ganze Mensch für ihn in Bewegung kommen sollen. Dabei ist es wichtig, daß vor allem das Herz in Bewegung ist zu denen, die ohne Jesus leben.

Mit dem Fruchtbringen ist das so eine Sache. Wir wollen gern „zählen“, und das bekommt niemandem gut. Frucht für Jesus ist überfließendes Leben.

Zum Fruchtbringen gehört zunächst, daß durch unseren Dienst Herzen aufgetaut werden. Auch die sorgfältige Bearbeitung des Bodens ist eine wesentliche Voraussetzung dafür, daß eine reiche Frucht heranwachsen kann. Mein Dienst ist eine solche Vorarbeit.

Da meine Schausteller im Sommer ständig unterwegs sind, muß ich sie vor allem im Winterhalbjahr besuchen. An einem frühen Morgen im Advent liegt der große Wohnwagenplatz vor mir. Mit den Älteren dort gibt's manch frohes Wiedersehen. Die christlichen Kalender finden in fast allen Wagen dankbare Abnehmer. Sie sind schon seit Jahren ihre treuen Begleiter auf den Reisen. Überall auf dem Platz werden eifrige Vorbereitungen für den Weihnachtsmarkt getroffen. An einer Ecke übertönt eine Orgel sogar mein lautes Singen. Mit der Fachzeitung „Komet“ unter dem Arm, erkennen auch die mir bis dahin Fremden, daß ich „vom Fach“ bin. Dies verschafft mir guten Eingang. Mich interessiert, ob die Schausteller das Bibelwort lesen, das ich in jeder „Komet“-Nummer als Anzeige aufgebe. Viele beteuern mir, daß sie dieses Wort schätzen.

Mitte Dezember erhalte ich einen Brief von „Klaus“; ich kenne ihn nicht. Er berichtet, daß er vor einigen Monaten Jesus in sein Leben aufgenommen hat. Als Schriftsetzer im „Komet“-Verlag gehörte es zu seinen Aufgaben, in jede Nummer das von mir eingesandte Bibelwort zu setzen. Klaus schreibt: „Ich muß Ihnen einmal mitteilen, daß es mir heute, nachdem ich zum lebendigen Glauben an Jesus kam, eine große Freude ist, Gottes Wort in unsere Schaustellerzeitung aufzunehmen. Ich habe Ihren Namen inzwischen auf meine Gebetsliste gesetzt. Der Sieg geht weiter!“

Wenn allein der Herzensboden bei Klaus aufgetaut und bearbeitet wurde, haben sich alle Kosten für das monatliche Inserat mehr als hundertfach gelohnt.

Wenn ich auf die zurückliegenden Jahre blicke, bekenne ich danküberwältigt: Jesus hat bei mir alles wohlgemacht! Das Augenlicht nahm ab, die Freude aber nahm zu. Ich stütze mich auf die Verheißungen wie ein Lahmer auf seine Krücken.

Gestern gab es ein frohes Wiedersehen auf der Straße. Jemand erzählte: „Vor zwei Jahren haben Sie mich in der Gaststätte gefunden und auf Jesus hingewiesen. Inzwischen habe ich mich bekehrt.“

Jesus behält mich in seiner Hand. Ich freue mich, weiter hingehen zu dürfen, um Herzen durch die Glut der Liebe Gottes aufzutauen und so mitzuhelfen, daß der Boden bei vielen Menschen für eine reiche Ernte vorbereitet wird. Ich kann nur sagen: „Herr Jesus, ich danke dir, daß du mich berufen hast, hinzugehen, und mein Leben Frucht für dich bringen darf.“

„Privataudienz beim himmlischen König“

Der Herr ist treu. Jesus achtet darauf, daß der Dienst mir nicht wichtiger wird als er selbst. Durch ein wochenlanges Krankenlager vor einigen Jahren hatte ich viel Privataudienz beim himmlischen König. Während des kurzen Aufenthaltes im Krankenhaus durfte ich meiner Nachbarin Gebetshilfe leisten, bis sie abgerufen wurde. Nach der Entlassung mußte ich wegen hohen Blutzuckers eine Weile Diät essen, was mir gar nicht bekam. Total entkräftet nannte ich mich „Schlappmann“ statt „Isselmann“. Leider haben die Medikamente meine Sehkraft weiter beeinträchtigt. Vier Wochen lang war ich dienstunfähig.

Psalm 34, 9 wurde zur Lektion Gottes: *„Schmecket* und *sehet,* wie freundlich der Herr ist.“ Ich schmeckte und sah – an seinem Herzen ruhend – schließlich eine wahre Fülle seiner Freundlichkeit, so daß ich aus dem Staunen nicht herauskam und die leiblichen Mängel nicht mehr bedrückend empfand. Wunderbar!

Nun bin ich wieder im Dienst. Die Lunge ist gestärkt, der Zucker ist weg, und ich fühle mich kerngesund. Dem Hern sei Lob und Dank! Mit Freuden darf ich in alter Frische weiter seinen Ruhm verkündigen, bis er kommt.

„Der Tag ist Dein, mein Vater,
den Du in voller Pracht
mir heute hast in Gnaden
so reichlich zugedacht.

Die Nacht ist Dein, mein Vater,
im Wachen und im Ruh'n
bleib ich in Deinem Frieden,
versorgt in Deinem Tun."

Die frische Alte in alter Frische

Schwester Berta Isselmann am Vorabend ihres 80. Geburtstages im Gespräch mit Schwester Dorothea Hoba, Süd-Ost-Europa-Mission:

Liebe Schwester Berta, wir haben noch im Ohr, was du in den vergangenen Monaten oft gesagt und gesungen hast, nämlich: „Ich bin bald achtzig, nach Jesus tracht' ich, und Jesu Liebe macht das Herz so froh." Wir hoffen und wünschen dir, daß die Freude und das Lob Gottes deinen morgigen Festtag und deinen weiteren Lebensweg und Dienst erfüllen mögen. Darf ich dich heute bitten, uns einige Fragen zu beantworten? Wie lange bist du eigentlich schon gläubig?

Seit fünfundvierzig Jahren.

Wenn du zurückschaust auf diese viereinhalb Jahrzehnte oder auf die achtzig Jahre deines Lebens, welches war dein größtes Erlebnis?

Das bedeutsamste Erlebnis hatte ich 1934 während einer Zeltmission. Dort fand ich Jesus Christus als meinen persönlichen Heiland und Herrn.

Fühlst du dich jetzt eigentlich anders als mit sechzig Jahren?

Nein, es bleibt alles beim „Jungen". Ich lebe nicht rückwärts, sondern vorwärts, und nicht abwärts, sondern aufwärts.

Was wünschst du dir von Jesus für die Zukunft?

Vor allem, daß ich trotz meines schwindenden Augenlichtes den Herrn allezeit klar sehen kann. Die Verheißung: „Ich werde den König sehen in seiner Schöne" gilt für mich nicht erst in der Ewigkeit, sondern schon jetzt. Mein Wort für jeden neuen Tag soll Psalm 34, 9 sein: „Schmeckt und seht, wie freundlich der Herr ist. Wohl dem, der auf Ihn traut!"

Schwester Berta, man sieht dich nur glaubensfroh und getrost. Kennst du eigentlich auch Anfechtungen und hattest du Krisen in deinem Leben?

Natürlich hat jeder Anfechtungen. Die kenne ich auch. Doch übe ich mich darin, alles Ungute umgehend zu vergessen. Sich durchdanken und durchfreuen hilft, die sich anbahnenden inneren Krisen schnell zu überwinden. Daß ich von Geburt an schlechte Augen hatte, wollte mir immer wieder zur Anfechtung werden. Daß ich aber dennoch achtzig Jahre sehen konnte, ist doch einfach das viel größere Geschenk. In letzter Zeit hat mich ein rückfällig gewordener Strafgefangener viele Tränen gekostet. Doch diese Tränen stelle ich unter die Verheißung: „Die mit Tränen säen, werden mit Freuden ernten." Ich warte jetzt auf die Erfüllung. Das Wissen, daß der Vater in meinem Leben nichts falsch macht, hilft mir entscheidend, wenn Anfechtungen kommen, diese zu überwinden. Ich gehöre nicht mir, sondern Ihm. Ich halte durch, weil ich von Ihm gehalten werde. Jede Klage wäre eine Verleugnung Jesu.

Wie wird dein morgiger Festtag verlaufen?

Ich erwarte manche Gäste und bekomme sicher viele Telefonanrufe von Glaubensgeschwistern und Menschen, die mir im Dienst begegnet sind. Deshalb muß ich zu Hause bleiben. Ganz gewiß treffen noch weitere schriftliche Grüße ein. Für den Abend hat sich der Gemeinschaftschor angesagt. Da wollen wir miteinander den Herrn loben. Von mir aus soll mein achtzigster Geburtstag und mein ganzes ferneres Leben nach dem Vers verlaufen:

Ich will Dich lieben,
ich will Dich loben,
ich will Dir danken allezeit.
Ich will Dich ehren,
ich will Dir dienen,
jetzt und in alle Ewigkeit.

Nachwort

Meine ersten Begegnungen mit Schwester Berta Isselmann fallen in das Jahr 1946. Während mancher gemeinsamen Dienste im damaligen Flüchtlings-Durchgangslager Wellersberg in Siegen erteilte sie mir, dem gerade zum lebendigen Glauben Gekommenen, den ersten unvergeßlichen Unterricht in „praktischer Theologie". Natürlich ahnte ich damals noch nicht, daß wir beide später einmal in der Mission für Süd-Ost-Europa unserem Herrn Jesus Christus gemeinsam dienen würden.

Mein Vorgänger, der langjährige Leiter der Mission für Süd-Ost-Europa, Paul Wißwede, erkannte bereits in seinem allerersten Gespräch mit Schwester Berta ihre glühende Retterliebe und ihr vielseitiges Charisma zum Dienst an Hecken und Zäunen. Er zögerte keinen Augenblick, sie in den Mitarbeiterkreis zu berufen.

Schwester Berta Isselmann bereicherte in ihrer Originalität das ganze Missionswerk, empfing dort aber auch immer wieder die notwendige Korrektur.

Heute, nach mehr als vierzig Jahren unermüdlichen Dienstes, gilt für die inzwischen über neunzigjährige unerschrockene Zeugin Jesu Christi immer noch, was eine ihrer Zuhörerinnen überaus treffend mit den Worten zum Ausdruck brachte: „Diese Frau brennt lichterloh für Jesus."

Ich wünsche diesem Buch mit seinem erquickenden, aber auch aufrüttelnden Inhalt eine weite Verbreitung unter Christen, die den Missionsbefehl Jesu ernst nehmen. Mögen viele Leser durch die Zeugnisse von Schwester Berta Isselmann ermutigt werden, die sich ihnen bietenden Möglichkeiten ebenfalls zu nutzen, damit viele Zeitgenossen vom einzigen Heil in Christus hören.

Ernst Fehler, Missionsleiter
Mission für Süd-Ost-Europa, Siegen-Geisweid

Weitere Bücher von Adolf Wunderlich

Mit dem Neuen Testament bis nach Sibirien

124 Seiten. ABCteam Taschenbuch. 9. Auflage

Es sind wunderbare Erfahrungen, die Adolf Wunderlich mit seinem Neuen Testament auch in der Kriegszeit und während russischer Kriegsgefangenschaft machen durfte.
Dabei geht es nicht um die erlittenen Leiden, sondern um die Frage, ob der Glaube standhält, wenn es hart auf hart geht. Adolf Wunderlich bezeugt es fröhlich und erzählt, wie heimwehkranke, erschöpfte, sterbende, angefochtene Menschen sich an den göttlichen Wahrheiten des Neuen Testaments wieder aufgerichtet haben.

Von Gott umgeben

96 Seiten. ABCteam Taschenbuch. 5. Auflage

Geborgenheit! Das ist es, was der Mensch sucht und braucht. Aber wo kann er sie finden?
Adolf Wunderlich erzählt in seinem Buch von Begegnungen mit Menschen, von Erfahrungen und Erlebnissen. Daß Kinder Gottes in allen Lebensstürmen Geborgenheit finden dürfen, wird bei jedem der interessanten Erlebnisse deutlich.

BRUNNEN VERLAG GIESSEN